David Conti

Don Cavelli und die Töchter Marias

David Conti veröffentlichte bei dotbooks in der Reihe um *Don Cavelli* bisher:

Don Cavelli und der tote Kardinal – Die erste Mission
Don Cavelli und der letzte Papst – Die zweite Mission
Don Cavelli und die Hand Gottes – Die dritte Mission
Don Cavelli und das Sizilianische Gebet – Die vierte Mission
Don Cavelli und der Apostel des Teufels – Die fünfte Mission
Don Cavelli und die Wege des Herrn – Die sechste Mission
Don Cavelli und die Stille Stadt – Die siebte Mission
Don Cavelli und die Töchter Marias – Die achte Mission

Weitere Bände sind in Vorbereitung.

Wenn Ihnen dieses Buch gefallen hat, empfehlen wir Ihnen gerne weitere Titel aus unserem Programm. Schicken Sie einfach eine eMail mit dem Stichwort »*Don Cavelli 8*« an:

lesetipp@dotbooks.de

Wir nutzen Ihre an uns übermittelten Daten nur, um Ihre Anfrage beantworten zu können – danach werden sie ohne Auswertung, Weitergabe an Dritte oder zeitliche Verzögerung gelöscht.

Über den Autor:
David Conti wurde 1964 in Rom geboren und verbrachte dort – unterbrochen von einem mehrjährigen Aufenthalt in München – seine Kindheit und Jugend. Nach einem Studium der Theologie, Geschichte und Germanistik in Perugia, Yale und Tübingen war er mehrere Jahrzehnte lang in verantwortlicher Position bei einer internationalen Institution in Rom tätig. Seit seinem beruflichen Ausscheiden aus dieser, verbringt er seine Zeit mit Reisen und dem Schreiben der »Don Cavelli«-Reihe. Er lebt abwechselnd in Castel Gandolfo, Zürich und Santa Barbara.

David Conti

Don Cavelli und die Töchter Marias

Die achte Mission

dotbooks.

Druckausgabe 2023

Redaktion: Ralf Reiter
Umschlaggestaltung: Wildes Blut – Atelier für Gestaltung
Stephanie Weischer unter Verwendung mehrerer Bildmotive von
© shutterstock

Printed in the EU

ISBN 978-3-96655-130-4

»Jungfrau, ruhmreiche Königin des Himmels,
Mutter der Sünder, Hilfe der Waisen, Rat der Witwen,
Beschützerin der verlassenen und Armen,
ich armseliger, untreuester Sünder übergebe dir
diese Stadt Siena und ihr ganzes Land.
Zum Zeichen dafür lege ich hier die
Schlüssel der Tore von Siena auf den Altar.«
Bounoagida Lucari
Anführer des Volkes von Siena, 1260 n. Chr.

Prolog

Nachdem das Konklave sieben lange Wochen angedauert hatte, wurde schließlich, am achtzehnten November 1523, Giulio de' Medici zum Papst gewählt. Nicht weil man ihn für den besten Kandidaten hielt – davon konnte nun wirklich keine Rede sein – sondern weil er seine gigantischen Besitztümer an die wahlberechtigten Kardinäle verteilt hatte. Eine natürlich streng verbotene, aber dafür sehr erfolgreiche Vorgehensweise.

Er nannte sich Clemens VII. Clementia bedeutet »Milde« und die Wahl dieses Namens sollte zweifellos eine beruhigende Wirkung auf seine Umwelt ausüben. Dies war auch bitter nötig, denn niemals zuvor, noch je danach, hatte ein Pontifikat unter einem solch schlechten Stern gestanden.

Weder war der Papst in der Lage gewesen, zu verhindern, dass immer mehr katholische Gemeinden in Europa zu der neuen Glaubensrichtung, dem Protestantismus, übertraten, auch seine strikte Weigerung, den Bitten von Englands König Heinrich VIII. nachzukommen, dessen ohne männlichen Thronnachfolger gebliebene Ehe mit Katharina von Aragon zu scheiden, auf dass er Anne Boleyn heiraten könne, hatte katastrophale Folgen: Heinrich, der zuvor einer der treuesten Anhänger von Clemens' Vorgänger Hadrian VI. gewesen und von diesem sogar mit dem Ehrentitel »Verteidiger des Glaubens« ausgezeichnet worden war, erklärte die Loslösung Englands von Rom und die Gründung der Church of England, dessen Oberhaupt bis heute der regierende britische Monarch ist.

Doch die ungeschickte Politik des Papstes interessierte den einfachen Römer nur wenig, denn sie betraf ihn nicht. Dies sollte sich am sechsten Mai 1527 ändern, dem Tag, als die dritte Katastrophe des Pontifikats Clemens VII. in Gestalt des schrecklichsten Infernos, welches Rom je erlebt hatte, über die Stadt hereinbrach: das berüchtigte Sacco di Roma.

Ein Heer von vierundzwanzigtausend Männern, bestehend aus deutschen Landsknechten und spanischen Söldnern, die ihren Offizieren nicht mehr gehorchten, alles Abtrünnige der Armee Kaiser Karls V., fiel über die Stadt her und wütete dort in barbarischster Weise.

Die dem persönlichen Schutz des Papstes dienende Schweizer Garde, die einundzwanzig Jahre zuvor von Papst Julius II. gegründet worden war, machte ihrem Ruf von untadeliger Treue und Zuverlässigkeit alle Ehre. Um den Heiligen Vater zu schützen, traten hundertsiebenundvierzig der hundertneunundachtzig Gardisten den feindlichen Söldnern auf dem Petersplatz entgegen. Sie wurden bis auf den letzten Mann niedergemetzelt. Clemens selbst flüchtete sich mit den zweiundvierzig verbleibenden Schweizern über den Passetto in die Engelsburg, wo er im Juni kapitulierte.

Der entfesselte Mob legte Brände, raubte, mordete, vergewaltigte und folterte noch bis hinein in den Februar 1528, Seuchen brachen aus, es war die Hölle auf Erden. Dann setzte Kaiser Karl V. der Anarchie ein Ende, indem er neue Anführer einsetzte und ausstehenden Sold bezahlte.

Rom lag in Trümmern, unzählige Menschen waren tot und neun Zehntel aller Kunstschätze geraubt.

Bis auf den heutigen Tag ehrt die Schweizer Garde die Treue der einhundertsiebenundvierzig Gefallenen, indem sie die neuen Rekruten stets am sechsten Mai vereidigt, dem Datum der Schlacht auf dem Petersplatz.

ERSTES BUCH

I

Es war der letzte Tag vor den Semesterferien und die Hitze in dem Auditorium mit den ansteigenden Sitzreihen war typisch für Rom um diese Jahreszeit. Obwohl alle Fenster weit offenstanden, war die Temperatur in dem Hörsaal kaum zu ertragen. Professor Don Cavelli fragte sich nicht zum ersten Mal, warum sich eine so ehrwürdige Universität wie die Sapienza keine Klimaanlagen leisten konnte, und beneidete die früheren Päpste, die den glühenden Sommern in Rom immer in die kühlen Albaner Berge nach Castel Gandolfo entflohen waren.

Es war eine dieser Stunden, in denen er nicht zum ersten Mal bedauerte, dass seine Studenten nicht mit den Studenten vergleichbar waren, die er als Gastprofessor einmal pro Woche an der Gregoriana unterrichtete, der Päpstlichen Universität in Rom, die von Ignatius von Loyola gegründet worden war und allgemein als Bischofsschmiede galt. Die Studenten dort waren wirklich interessiert an Cavellis Fachgebiet »Die Geschichte des

Papsttums« und sie brachten bereits umfangreiches Vorwissen mit. Die meisten – zum Glück nicht alle – von Cavellis Studenten an der Sapienza hingegen waren nur hier, weil sie ihr gesamtes Wissen über den Vatikan von Dan Brown bezogen und im Internet Artikel über Cavelli gelesen hatten, der, wie auch schon seine Vorfahren, Wohnrecht und zahlreiche Privilegien im Vatikan genoss, seit Capitano Umberto Cavelli im Jahr 1513 für Papst Julius II. etwas von außerordentlicher Bedeutung getan hatte. Was das gewesen war, darüber rätselten Historiker, nicht zuletzt auch Cavelli selbst, immer noch. Wahrscheinlich würde es niemals aufgeklärt werden, doch man durfte davon ausgehen, dass dabei nicht wenig Blut vergossen worden war.

Viele von Cavellis Studenten erwarteten sich hier unterhaltsame Insider-Einblicke hinter die geheimnisumwitterten vatikanischen Mauern und einige Studentinnen saßen in seinem Seminar, weil sie sein Bild im Seminarverzeichnis gesehen hatten. Sie hatten zwar noch nie etwas von dem französischen Filmstar der fünfziger und sechziger Jahre, Gérard Philipe, gehört, auf dessen Ähnlichkeit zu ihm ältere Menschen ihn immer wieder ansprachen, aber sie fanden ihn einfach süß.

Das alles erlebte er an der Gregoriana natürlich nicht, aber dort ging es ihm oft wiederum *zu* ernsthaft und zu religiös zu.

An der Sapienza hingegen kam ihm das Klima, das hier gegenüber der Katholischen Kirche herrschte, jedes

Jahr feindlicher vor. Er hatte nichts dagegen, dass seine Studenten kritisch waren, was ihn störte, war das Halbwissen (oft eher ein Zehntelwissen), das dafür umso engagierter vorgetragen wurde. Jeder wusste von der Inquisition und glaubte die unwahre Legende, dass der Papst Galileo Galilei eingekerkert hatte, aber von der anderen Seite der Medaille hatten sie noch nie etwas gehört. Cavelli hatte versucht ihnen einen kleinen Einblick zu geben, indem er von der Verfolgung von Menschen mit katholischem Glauben (der als Hochverrat galt) im England des sechzehnten und siebzehnten Jahrhunderts sprach, vom Ku-Klux-Klan, der keineswegs nur Farbige und Juden verfolgt hatte, sondern auch Katholiken zu seinen erklärten Todfeinden zählte, und schlug einen Bogen bis hin zur Gegenwart. »Das Christentum ist heute die meistverfolgte Religion der Welt«, erklärte er. »Tausende von Christen werden jedes Jahr in Ländern wie Nigeria oder Pakistan und vielen anderen wegen ihres Glaubens ins Gefängnis geworfen oder getötet. Allein in China werden jedes Jahr etwa dreitausend Kirchen geschlossen oder zerstört, weltweit pro Jahr sogar etwa 5000. Allein in Myanmar wurden letztes Jahr 200.000 Christen vertrieben, in Nicaragua gab es hundertneunzig Angriffe auf Kirchen und …«

»Also wozu das alles?«, rief eine Studentin mit gepiercter Lippe von hinten.

Cavelli stockte. »Wozu was?«

»Wenn das alles so viel Probleme bringt, warum dann

überhaupt gläubig sein? Besser man glaubt nichts, dann hat man auch keinen Ärger.«

Cavelli sah auf seine Armbanduhr. Die Stunde war fast zu Ende.

»Da stellen Sie natürlich eine große Frage. Der berühmte Mathematiker und Philosoph Blaise Pascal hat sie in einer Weise beantwortet, die als Pascalsche Wette berühmt geworden ist. Danach gibt es vier Möglichkeiten: Erstens, es gibt keinen Gott und man glaubt auch nicht. Das ist kein Problem. Zweitens, es gibt keinen Gott und man glaubt trotzdem, das ist auch kein Problem, drittens, es gibt einen Gott und man glaubt, dann kommt man in den Himmel. Viertens, es gibt einen Gott und man glaubt nicht an ihn, dann kommt man in die Hölle. Folglich hat man nach Pascal auf keinen Fall einen Nachteil, wenn man an Gott glaubt, aber möglicherweise den größten nur denkbaren Nachteil, wenn man es nicht tut.«

Einige Studenten wirkten irritiert, andere lachten.

»Pascal hat's voll erkannt«, rief ein anderer Student, von dem Cavelli noch nie einen ernsthaften Beitrag gehört hatte. »Beten funktioniert wirklich, wenn man was haben will. Man muss sich natürlich an den Richtigen wenden. Ich hab alle durchgecheckt: Jesus, Gott, Pater Pio, Jungfrau Maria, Josef und Johannes Paul II. und ich kann eindeutig sagen: Pater Pio liefert am besten.«

Cavelli sah erneut auf die Uhr. »Und mit diesem wertvollen Tipp entlasse ich Sie in die Semesterferien.«

II

Tochter Concepción hatte in der letzten Nacht kaum Schlaf bekommen. Stundenlang hatte sie mit offenen Augen dagelegen und auf den ausgeblichenen grauen Stoff des Zeltes geblickt, das sie sich mit drei weiteren Helferinnen teilte. Nach den Statuten der Organisation hätte ihr als Leiterin des Camps ein Zelt ganz für sich allein zugestanden, aber es wäre ihr falsch vorgekommen. Bolivien war das ärmste Land Südamerikas und das letzte Hochwasser hier im Departamento Chuquisaca hatte die Lage noch einmal verschärft. Concepción war hier, um zu helfen, und wenn sie durch den Verzicht auf ein eigenes Zelt dafür sorgen konnte, dass ein paar mehr Menschen in Not untergebracht werden konnten, dann musste sie keine Sekunde überlegen.

Bald würde es soweit sein, sie konnte es immer noch nicht wirklich fassen, dass sie tatsächlich Tochter Maria kennenlernen würde. Maria Concetta Crespo.

Die Frau, ohne die es all das hier nicht gäbe. Und nicht nur hier. Die Töchter Marias waren eine weltumspannende Organisation mit Hilfscamps in einundvierzig Ländern. Wie diese Frau das alles mit eigener Kraft aus dem Nichts aufgebaut hatte, grenzte an ein Wunder. Nein, es *war* ein Wunder. Ein paarmal hatte Concepción Tochter Maria im Fernsehen gesehen, da hatte sie immer klein und zerbrechlich und geradezu demütig gewirkt. Sie war niemand, der etwas forderte, und doch sammelte sie nicht nur zahllose Spenden von gläubigen Menschen aus aller Welt, sondern auch Millionenbeträge aus Kirche, Industrie und vielen Regierungen ein.

Es war ihre besondere Persönlichkeit, diese Frau war eine Heilige, jeder, der nicht völlig blind war, konnte das sehen.

Concepción hatte sich schon seit Jahren gewünscht, sie irgendwann einmal aus der Nähe zu sehen, aber sie hätte nicht zu hoffen gewagt, dass dies jemals geschehen würde. Siena, der internationale Hauptsitz der Töchter Marias, lag unendlich weit weg. Eine Reise dorthin war unerschwinglich und außerdem wurde sie hier gebraucht. Früher hatte Tochter Maria viele ihrer Camps noch selbst besucht, aber das geschah inzwischen kaum noch, was Concepción gut verstehen konnte; die Leitung einer immer größer werdenden internationalen Organisation war eine Herkulesaufgabe, die für so etwas längst keine Zeit mehr ließ.

Und nun würde es doch geschehen. Concepción würde sie nicht nur sehen, sie würde höchstpersönlich mit ihr sprechen. Bevor sie vor vier Monaten zur Campleiterin befördert worden war, hatte sie es gar nicht gewusst, aber bei den Töchtern Marias existierte eine Tradition, die an die Ad-limina-Besuche beim Heiligen Vater erinnerte. Alle fünf Jahre reiste jeder der etwa fünftausend Bischöfe weltweit nach Rom, um *ad limina*, also »an der Schwelle«, dem Papst Bericht über seine Diözese zu erstatten. Es hieß, dass so ein Besuch in der Regel nur fünfzehn Minuten dauerte, aber es war auch bekannt, dass sich Tochter Maria bis zu drei Stunden für ihre Helferinnen Zeit nahm.

Morgen würde eine Transportmaschine mit Hilfsgütern aus Italien in Sucre, der größten Stadt Chuquisacas, landen. Einer der Lastwagen, der diese Hilfsgüter von dort ins Lager transportierte, würde Concepción dann auf der Rückfahrt nach Sucre mitnehmen und sie würde im nun leeren Frachtraum des Transportflugzeugs zurück nach Rom fliegen. Von dort würde sie ein Wagen nach Siena bringen. Ihre fast elftausend Kilometer lange Reise würde die Töchter Marias praktisch nichts kosten.

Alles war bestens organisiert.

III

Oberst Durand zögerte und starrte auf das Telefon auf seinem Schreibtisch. Überschritt er hier seine Kompetenzen? Darüber konnte man durchaus geteilter Meinung sein. Die Schweizer Garde, der er die Ehre hatte, als Kommandant zu dienen, war keineswegs – wie man es ständig in Zeitungen und miserabel recherchierten Internetartikeln las – die kleinste Armee der Welt. Klein war sie mit hundertfünfunddreißig Mann zweifellos, aber eben keine Armee, sondern, wie der Name ganz klar sagte, eine Garde. Ihre Aufgabe bestand auch nicht im Schutz des Vatikan oder in der Aufrechterhaltung der Sicherheit dort, allenfalls indirekt. Alles, was die Garde tat, also auch das Bewachen der Zugänge zum Vatikan und vieler Eingänge im Inneren, diente nur einem einzigen Zweck: dem Schutz des Heiligen Vaters – und während der Sedisvakanz, also der Übergangszeit zwischen dem Tod eines Papstes und der Wahl seines Nachfolgers, dem Schutz des Kardinalkollegiums. Für den Schutz des Petersplatzes war die römische Polizei zuständig – bis zum Beginn der Stufen zum Petersdom – und für alles andere die der Allgemeinheit relativ unbekannte Vatikanische Polizei.

Durand war unschlüssig, wie er sich verhalten sollte. Hier ging es um etwas, das ihn normalerweise nichts anging. Es war Sache der Kurie und der Berater des Heiligen Vaters. Normalerweise. Andererseits hatte man ihn direkt angesprochen. Das war ungewöhnlich, nein, mehr als das, es war absolut unüblich. Und es hatte seinen Argwohn erregt. Nicht nur, *dass* es geschehen war, sondern vor allem, *wie* es geschehen war. Dies gab Anlass zu ernster Besorgnis. Noch ließ sich allerdings nichts definitiv sagen, er würde Nachforschungen anstellen müssen. Aber falls es sich tatsächlich so verhielt, wie er befürchtete, musste er handeln. Schließlich hatte er geschworen, den Papst zu beschützen, und nach Durands Interpretation bezog sich das nicht nur auf dessen körperliche Unversehrtheit, sondern auf alles, auch auf dessen Integrität.

Seine Gedanken wanderten erneut zu der Frau, die ihn in seinem Büro aufgesucht hatte. Sie war überaus freundlich gewesen, bescheiden und einfach; ganz so, wie man sie aus dem Fernsehen kannte, doch während sie sprach, hatte Durand urplötzlich so etwas wie eine Vision gehabt. Zum ersten Mal in seinem Leben, denn er war ein Mann nüchterner Vernunft. Umso mehr hatte ihn die Vision erschreckt. Vor Jahren hatte er mal in einem Artikel über den Schriftsteller Thomas Mann gelesen, dass dieser im Jahre 1895 während eines Urlaubes in Palestrina auf einer Bank einen Mann sitzen gesehen habe und im selben Moment mit absoluter Sicherheit wusste, dass es der Teufel war. Durand hatte das immer für eine typische Überspanntheit gehalten, wie sie bei Künstlern nun mal vorkommen, doch gestern hatte es ihn wie ein Blitzschlag getroffen. Genau wie Thomas Mann wusste er, dass er sich in diesem Augenblick in Gegenwart des Teufels befand.

IV

Siena.

Maria liebte diese Stadt. Nicht in erster Linie, weil Siena zu den attraktivsten Städten der Toskana und in großen Teilen zum UNESCO-Welterbe gehörte oder wegen der Piazza del Campo, die viele für den schönsten Platz der Welt hielten, ja nicht einmal wegen der aus schwarzem und weißem Marmor erbauten Kathedrale Metropolitana di Santa Maria Assunta, des Doms von Siena, der, wäre er tatsächlich so errichtet worden, wie es ursprünglich geplant war, selbst den Petersdom in den Schatten gestellt hätte, nein, Maria hatte andere Gründe.

Da war zum einen der Palio.

Der Palio di Siena war ein Pferderennen, das seit 1566 in jedem Juli und August auf dem Piazza del Campo veranstaltet wurde. Das Rennen, zu dem sich auf dem Platz jeweils sechzigtausend Zuschauer versammelten, war das wichtigste Ereignis für die Bewohner der Stadt. Wobei das Wort »wichtig« es nicht annähernd beschrieb. Siena war in siebzehn Bezirke aufgeteilt, die sogenannten Contradas. Man wurde in diese hineingeboren und gehörte ihnen an, bis man starb. Sie waren wichtiger als die eigene Familie. Die Contradas führten poetische Namen wie Käuzchen, Drachen oder Einhorn, doch das konnte nicht darüber hinwegtäuschen, dass sie seit Jahrhunderten in geradezu tödlicher Feindschaft zueinander standen. Jeder Palio dauerte vier Tage. Während dieser Zeit hatte ein gewählter Capitano die absolute Gewalt über seine Contrada.

Es begann mit der Auslosung der Pferde, wobei es ungerechterweise gute und schlechte gab. Welche Contrada welches Pferd erhielt, war Zufall. Dann betraten die Jockeys (die nie der Contrada angehörten, sondern von außerhalb engagiert wurden) zusammen mit ihrem Pferd die Kirche ihrer Contrada und wurden dort beide von einem Priester gesegnet. Gewettet wurde auf den Ausgang dieses Rennens nicht, es ging um nichts anderes als die Ehre.

Dies hielt die Contradas jedoch nicht davon ab, auch ehrlose Mittel einzusetzen, um das Rennen zu gewinnen. Das reichte von der Bestechung der Jockeys der verfeindeten Contradas über die Verwendung des Nerbos (eines Ochsenziemers) durch die Jockeys gegen die Konkurrenten während des Rennens (was erlaubt war) bis zum Herunterziehen der anderen Jockeys vom Pferd (was verboten war – aber dennoch gemacht wurde).

Bei dem mit äußerster Verbissenheit durchgeführten, nur etwa hundert Sekunden andauernden Rennen kam im Schnitt ein Pferd pro Jahr zu Tode. Jockeys, die in Verdacht standen, bestochen zu sein und absichtlich verloren zu haben, wurden von ihrer Contrada fast zu Tode geprügelt. Ein Sieg wurde wochenlang gefeiert. Eine Niederlage war ein Weltuntergang. Noch wichtiger als ein eigener Sieg war allerdings die Niederlage der Contradas, mit denen man besonders verfeindet war.

Für Außenstehende war diese extreme Form der Feindschaft unter den Bürgern von Siena, die sich nicht auf konkrete Taten, sondern einfach auf Tradition gründete, entweder lächerlich oder beängstigend, Maria hingegen waren diese Feindschaften überaus willkommen. Gigantische Mengen von Energie warteten nur darauf, von ihr zu ihrem Nutzen in die richtige Bahnen gelenkt zu werden, und im Laufe der Jahre war sie eine Meisterin darin geworden, auf dieser Klaviatur des Hasses ihr eigenes, höchst profitables Lied zu spielen.

Der andere Grund, warum sie Siena schätzte, war der Marienkult.

Im dreizehnten Jahrhundert hatte Siena sich im Krieg mit Parma und dreizehn Jahre später mit dem militärisch weit überlegenen Florenz befunden. Die Bürger von Siena gehörten zu den frommsten des Landes, ihre Mariengläubigkeit war beispiellos und so weihten sie in den Augenblicken größter Verzweiflung während dieser Kriege – und auch in späteren, zuletzt im Jahre 1944 – die Stadt in aufwendigen Zeremonien der Jungfrau Maria. Sie wurde zur Schutzherrin der Stadt ausgerufen und in das Wappen aufgenommen. Beides hatte bis zum heutigen Tag Bestand. Schwester Maria konnte sich keinen besseren Ort für ihre Organisation vorstellen.

Dreißig Jahre zuvor war Maria, die mit vollem Namen Maria Concetta Crespo hieß, in eine zutiefst gläubige Familie hineingeboren worden. Während ihre zwei Jahre ältere Schwester ebenso religiös wurde wie die Eltern und ihr ein Jahr älterer Bruder vehement dagegen rebellierte und ein militanter Atheist wurde, fand Maria ihren eigenen Weg, eine Kombination aus beidem. Während sie in ihrer frühen Kindheit noch unsäglich darunter gelitten hatte, dass ihre strenge Mutter jeden Abend von ihr verlangte, dem lieben Gott laut alle Sünden des Tages zu beichten, und im Zimmer blieb, während Maria dies tat, was nicht selten schwere Bestrafungen nach sich zog, hatte sie einige Jahre später den ganzen katholischen Schwindel durchschaut und konnte inzwischen diesen Humbug nur noch verachten.

Allerdings hatte sie auch erkannt, dass sie ihre Eltern um den Finger wickeln konnte, wenn sie sich als gottesfürchtige Christin ausgab. Und nicht nur ihre Eltern. Die Priester, die Lehrer, die Leiterinnen der katholischen Jugendgruppen, in denen sie Mitglied war, sie alle waren nicht nur strenggläubig, sondern, dadurch bedingt, auch ungeheuer leichtgläubig und sahen nur, was sie sehen wollten. Allerdings gab Maria ihnen auch keinen Anlass, etwas anderes zu sehen. Wenn sie Geld aus den Sammelbüchsen stahl, das sie mit ihren Freundinnen für Hilfsprojekte in Afrika sammelte, war sie die Letzte, die man verdächtigte. Es lag nicht nur an ihrer Verstellung; das junge Mädchen mit der zarten Figur, den blassen, filigranen Gesichtszügen und den riesigen blauen Augen wirkte so unschuldig und zerbrechlich, dass es fast in jedem augenblicklich den Beschützerinstinkt weckte.

Und Maria hatte gelernt, dies zu ihrem Vorteil auszunutzen. Mit fünfzehn war sie bereits Leiterin einer kleinen Gruppe, die normalerwiese von Mädchen geleitet wurde, die mindestens siebzehn waren. Maria hatte es verstanden, ihre Vorgängerin und die beiden als Nachfolgerin in Frage kommenden Mädchen mit Gerüchten aus dem Weg zu räumen.

Mit der Zeit wurde sie gewiefter, aber auch unvorsichtiger. Als sie ein Priester dabei erwischte, wie sie sich an der Kollekte vergriff, beschuldigte sie ihn, sie sexuell bedrängt zu haben. Seine Unschuldsbeteuerungen nützten ihm nichts, er wurde in eine weit entfernte Diözese in der Provinz strafversetzt.

Wenn sie von dem angeblichen Missbrauch erzählte, musste sie sich – abgesehen davon, dass das Geschilderte nie stattgefunden hatte – gar nicht verstellen. Ihr Ekel war echt. Schon der Gedanke, dass ihr ein anderer Mensch körperlich nahekommen könnte – aus welchem Grund auch immer – widerte sie an. Eine Eigenschaft, die sich noch verstärkte, als sie älter wurde. Dafür entdeckte sie eine exhibitionistische Seite an sich. Sie war klug genug, sie verborgen zu halten, denn sie hätte nicht zu dem Bild der unschuldigen Maria gepasst, das sie mehr und mehr von sich nach außen kultivierte, doch hatte sie dennoch einen Weg gefunden, diese Gelüste auszuleben. Es bereitete ihr ein perverses Vergnügen, sexuelle Sünden, die nie stattgefunden hatten, im Beichtstuhl ausführlich auszubreiten und kein – erfundenes – Detail auszulassen. Es dauerte nicht lange, bis sie herausgefunden hatte, welcher Priester wann in welcher Kirche in Rom Dienst hatte und welchen Priestern es Unbehagen bereitete, ihre Beichten anzuhören, denn nur dann genoss sie es. Es verschaffte ihr nicht nur Lust, sie liebte auch den Gedanken, dass *sie* es war, welche auf diese Weise die Priester missbrauchte. Außerdem half es ihr, ihren Hass und ihre Verachtung für alles, was katholisch war, zu verbergen. Und das musste sie, denn sie glaubte einen Weg entdeckt zu haben, wie sie die Naivität der Gläubigen zu ihrem eigenen Vorteil nutzen konnte.

V

Cavelli wusste, dass er höllisch aufpassen musste. Eine unbedachte Formulierung, eine kleine Geste, die Unsicherheit verriet, und es würde vorbei sein. Man würde ihn augenblicklich durchschauen und das durfte auf keinen Fall geschehen. Er blickte seinem Gegenüber so aufrichtig er konnte in die Augen und lächelte. »Es ist eine einmalige Gelegenheit. Eine besondere Ehre, die nur wenigen zuteilwird.«

Beatrice Kingsley kniff ein Auge zu und verzog skeptisch den schönen Mund, während sie ihn mit dem Blick des offenen Auges geradezu zu durchbohren schien. »Ich weiß nicht recht, Don.«

Wie Cavelli gehörte auch Beatrice zu den Professoren der Sapienza und unterrichtete in den Studiengängen Englisch und Italienische Literatur. Sie und ihr aus London stammender Ehemann Terry, der ebenfalls an der Sapienza lehrte, zählten zu den engsten Freunden von Cavelli.

Drei Tage zuvor hatte Cavelli für den morgigen Abend eine Einladung zum Abendessen erhalten, und zwar vor Oberst Durand, dem Chef der Schweizer Garde im Vatikan. Cavelli schätzte Durand. Er war der richtige Mann für diesen Posten. Kompetent, unermüdlich und korrekt. Cavelli hatte in der Vergangenheit das eine oder andere Mal mit ihm zu tun gehabt, man hatte sich gegenseitig geholfen und Durand hatte sich dabei immer als fair und verlässlich erwiesen und auch als jemand, der nicht blind an den Vorschriften klebte, wenn es um Wichtigeres ging. Allerdings wäre Cavelli nicht so weit gegangen, ihn als Freund zu bezeichnen, für ihn war Durand ein Bekannter, den er sehr respektierte. Durand jedoch schien es anders zu sehen, was an seiner speziellen Situation liegen mochte. Sein Schwiegervater hatte vor vier Monaten einen Schlaganfall erlitten und seitdem befand sich Durands Frau im schweizerischen Lauterbrunnen und führte ihren alten Eltern den Haushalt. Kaserniert im Vatikan und mit extremen Dienstzeiten, hatte Durand nur sehr wenige Freunde und in Cavelli, der ebenfalls im Vatikan lebte, ohne Kleriker zu sein, und der vor einigen Jahren seine Frau Elena durch einen Verkehrsunfall verloren hatte, schien er einen natürlichen Seelenverwandten zu erblicken. Schon des Öfteren hatte er Cavelli zu einem gemeinsamen Abendessen eingeladen. Das erste Mal hatte Cavelli die Einladung auch gerne angenommen, doch so sehr er auch Durand als wichtige Figur des Vatikanstaates schätzte, so langweilig und ermüdend fand er ihn als Privatperson. Die umständliche Art, in der es Durand verstand, uninteressante Geschichten zu erzählen, langweilte ihn tödlich. Bereits mehrfach hatte er sich seitdem mit fadenscheinigen Begründungen vor Einladungen von Durand gedrückt, aber er spürte, dass die nächste Ablehnung eine zu viel sein würde, falls er Durand nicht vor den Kopf stoßen wollte. Er würde hingehen müssen.

Aber bitte nicht allein. Beatrice Kingsley war nicht nur der klügste Mensch, den er kannte, sondern auch der Mittelpunkt jeder Gesellschaft. Nicht nur wegen ihrer äußeren Erscheinung, wegen der sie die älteren Kollegen als »Sophia Loren in schön« und die Studenten als »Miss Sapienza« bezeichneten, sondern auch wegen ihrer geistreich-witzigen Konversation. Cavelli setzte darauf, dass Beatrice für sie alle drei reden würde, was den morgigen Abend – kulinarisch gesprochen – von einem zähen Käsefondue in prickelnden Champagner verwandeln würde.

Doch im Moment sah es nicht danach aus, als ob dies auch tatsächlich geschehen würde.

»Besuche im Vatikan sind einfach nicht mein Ding, Don«, fuhr sie fort. »Du weißt ja, wenn es um Religion geht, sehe ich es genau wie Oscar Wilde: *Religion ist, wenn ein Blinder in einem stockdunklen Raum eine schwarze Katze sucht – und sie findet.*«

Cavelli lachte pflichtschuldigst über den alten Witz und schüttelte den Kopf. »Wenn es um einen Bischof oder Kardinal ginge, würde ich gar nicht wagen, dich zu fragen, aber dies ist der Chef der Schweizer Garde. Das ist etwas völlig anderes.«

»Also, ich weiß wirklich nicht, Don …«

Beatrice ließ sich von Cavelli noch eine Weile bitten (sie liebte es, sich bitten zu lassen), dann sagte sie gnädig zu. Nicht aus übergroßer Lust, aber ihr Ehemann war noch weniger ein Freund von gesellschaftlichen Einladungen als Cavelli und überdies auf einem fünftägigen Seminar in Edinburgh. Außerdem war sie ewig nicht aus gewesen. Warum also nicht? Auch wenn sie aus Cavellis blumigen Umschreibungen schon klar herausgehört hatte, dass nicht allzu viel Spaß zu erwarten war. Vor allem aber wollte sie Cavelli nicht im Stich lassen.

Und dann war da auch noch ein kleines bisschen Neugier.

VI

»Ich möchte einen Wagen mieten.«

Die junge Angestellte am Schalter der Avis-Autovermietung von Siena zuckte zusammen, als sie Rajivs Gesicht erblickte. Krampfhaft versuchte sie, Normalität vorzutäuschen. »Sehr gerne. Für wie lange?«

»Vierundzwanzig Stunden müssten genügen«, antwortete Rajiv und lächelte sie an. Er war es gewohnt, dass die Menschen so reagierten, wenn sie ihn zum ersten Mal sahen. Viele dachten, dass die Entstellungen in seinem Gesicht und an seinen Händen Verbrennungen oder die Folgen einer schweren Hautkrankheit waren, und solange sie nicht explizit nachfragten, klärte Rajiv sie auch nicht auf.

Er war strenggläubiger Katholik, er wollte nicht lügen, aber wo stand geschrieben, dass man Fragen beantworten musste, die niemand gestellt hatte? Wenn man ihn direkt darauf ansprach, sagte er die Wahrheit, nämlich, dass er die Hansenkrankheit gehabt hatte, aber schon seit Jahren davon geheilt war. Doch auch das versetzte ihm jedes Mal einen kleinen Stich. Es handelte sich dabei zwar um die Wahrheit, aber ihm war sehr wohl bewusst, dass, abgesehen von Medizinern, niemand je von der Hansenkrankheit gehört hatte, zumindest nicht unter diesem Namen. Den anderen Namen, den veralteten, den, welchen alle kannten, nahm er nie in den Mund: Lepra.

VII

»Ich schwöre, treu und redlich und ehrenhaft zu dienen dem regierenden Papst und seinen rechtmäßigen Nachfolgern und mich mit ganzer Kraft für sie einzusetzen. Bereit, wenn es erheischt werden sollte, selbst mein Leben für sie hinzugeben. Ich übernehme dieselbe Verpflichtung gegenüber dem Heiligen Kollegium der Kardinäle während der Sedisvakanz des Apostolischen Stuhles.

Ich verspreche überdies dem Herrn Kommandanten und meinen Vorgesetzten Achtung, Treue und Gehorsam.

Ich schwöre, all das zu beobachten, was die Ehre meines Standes von mir verlangt.

Ich, Gardist Elias Monthey, schwöre, all das, was mir soeben vorgelesen wurde, gewissenhaft und treu zu halten, so wahr mir Gott und seine Heiligen helfen.«

Es war bereits einige Wochen her, seit Gardist Monthey während der feierlichen Zeremonie auf dem Damasushof drei Finger gehoben, die andere Hand auf die Fahne der Garde gelegt und seinen Treueeid auf den Heiligen Vater geschworen hatte, aber noch immer durchfuhr ihn ein Gefühl des Stolzes, wenn er an diesen glorreichen Moment dachte.

Als Kind war er mit seinen Eltern mal im Petersdom gewesen, aber erst dreizehn Monate zuvor hatte er zum ersten Mal den Vatikan betreten. Als Schnufi. So nannte man die jungen Männer, die sich für den Dienst in der Schweizer Garde interessierten – seit Jahrhunderten kamen sie fast alle aus dem Kanton Wallis – und sich für zweihundertfünfzig Franken Gebühr zu einer sogenannten Schnupperwoche angemeldet hatten. Vier Tage, an denen man sie hinter die Kulissen blicken und sie eine Vorstellung davon bekommen ließ, wie sich das Leben als Hellebardier anfühlte. Um die Sollzahl der in drei Geschwader aufgeteilten, hundertfünfunddreißig Mann starken Truppe zu erhalten, mussten jedes Jahr etwa dreißig neue Rekruten dazustoßen, aber das wurde zunehmend schwieriger. Und das lag nicht nur an der relativ niedrigen Bezahlung von jährlich 15.600 Euro (allerdings steuerfrei) plus Kost und Logis, sowie Krankenversicherung. Da waren zum einen die etlichen Anforderungen, die der Vatikan stellte: Bewerber mussten männlich, katholisch, mindestens ein Meter vierundsiebzig groß und zwischen neunzehn und dreißig Jahre alt sein. Sie mussten ihren Wehrdienst in der Schweiz abgeleistet sowie eine Berufsausbildung abgeschlossen oder das Abitur haben. Sie hatten ein Empfehlungsschreiben ihres Gemeindepfarrers und ein einwandfreies polizeiliches Führungszeugnis vorzulegen, vollkommen gesund zu sein, sich nach dem Durchlaufen zahlreicher körperlicher und psychologischer Eignungstests auf mindestens sechsundzwanzig Monate zu verpflichten und last but not least unverheiratet zu sein. Eine Eheschließung war erst nach fünf Jahren Dienst gestattet. Diese vielen Bedingungen, gepaart mit dem Umstand, dass Gardisten sämtliche Nächte in der Vatikanischen Kaserne zu verbringen hatten, ließ viele Interessenten dann doch wieder Abstand nehmen.

Elias Monthey hatte sich nicht abschrecken lassen und sämtliche Tests bestanden. Dass er mit den neuen Kameraden noch für einige Zeit in einem einzigen großen Schlafsaal übernachten musste, bevor er in ein Zwei- oder Dreibettzimmer umzog, störte ihn nicht besonders. Was er unterschätzt hatte, waren die körperlichen und geistigen Belastungen. Stundenlanges Stillstehen bei jedem Wetter erschöpfte auch junge Männer nicht wenig und die Wachdienste im Inneren des Vatikan, bei denen man über Stunden keine Menschenseele zu Gesicht bekam, waren auch nicht leicht durchzuhalten.

Heute stand Monthey zum ersten Mal Wache an einem der wichtigsten Zugänge zum Vatikan, dem Bronzetor, durch das jeder musste, der vom Petersplatz in den Apostolischen Palast wollte. Die Verantwortung machte ihn nervös, aber bisher war alles gut gegangen. Er hatte jedes

Mal salutiert, wenn jemand den Palast betreten oder verlassen hatte, und auch das Bewegen des Metallrings am Schaft seiner Hellebarde mit dem Daumen, so dass ein klickendes Geräusch entstand, das als besondere Ehrenbezeugung jedem kirchlichem Würdenträger zustand, beherrschte er inzwischen perfekt. Zum Glück endete damit seine Aufgabe. Für Fragen und die Entscheidung, ob jemand weiter vorgelassen wurde und über die Scala Regia in den Palast emporsteigen durfte, war ein erfahrener Kollege zuständig, der innerhalb des Palasts hinter einem mit reichen Schnitzereien verzierten Schalter stand.

Wenn gerade niemand in der Nähe war, betrachtete Monthey aus den Augenwinkeln Zentimeter für Zentimeter seine Hellebarde. Bereits am ersten Tag hatte der Ausbilder den neuen Rekruten erklärt, dass jeder Gardist seine Hellebarde erkennen muss. Im ersten Moment hatte Monthey dies für einen Scherz gehalten, aber es war keiner und in den folgenden Wochen hatte es noch manches gegeben, was ihm und den anderen Neuen merkwürdig oder unverständlich erschienen war. Aber das änderte nicht das Geringste an seiner Hingabe für diese Arbeit. Dies war kein x-beliebiger Job. Elias Monthey war bewusst, dass all das einem höheren Zweck diente und dass es nicht nötig war, den unmittelbaren Sinn jedes Befehls zu verstehen. Es kam viel mehr darauf an, das Motto der Garde zu befolgen: »Acriter et Fideliter – Tapfer und Treu«.

VIII

Mit über zweihundert Stundenkilometern raste der schwarze Mercedes Benz Metris V 250 die Autobahn entlang. Rajiv trat das Pedal fast bis zum Anschlag durch. Eigentlich war dieser Van viel zu groß und viel zu luxuriös. So etwas passte nicht zu ihm. Er war ein einfacher Mann. Es war allerdings der einzige Wagen der Autovermietung gewesen, der dunkelgetönte Scheiben hatte, und je weniger Menschen Rajiv sehen würden, desto besser. Außerdem wusste man ja nicht, wie es lief. Falls Rajiv aus irgendeinem Grund in Rom übernachten müsste, würde er kein Hotel brauchen, so dass er sich nirgendwo würde registrieren müssen. Der Wagen hatte hinten so viel Platz, dass Rajiv dort gut schlafen könnte. Einen Schlafsack hatte er jedenfalls für alle Fälle dabei. Auf einem vorbeihuschenden blauen Schild las er: ROMA 39. Er war schon fast da. Zeit, seine Gedanken zu ordnen und sich auf das Wesentliche zu konzentrieren. Er wusste nicht, was der Mann, zu dem er unterwegs war, getan hatte, aber das gehörte zu den unwesentlichen

Dingen, es war nicht an ihm, so etwas zu beurteilen. Unter anderen Umständen wäre er diesem Mann mit großer Ehrerbietung begegnet, immerhin war er ein enger Mitarbeiter des Heiligen Vaters und falls Rajiv je an einem Auftrag Zweifel gehabt hätte, dann an diesem. Aber Zweifel waren falsch, ihm fehlte das Wissen um die wahren Hintergründe. Er musste auf das Vertrauen, was man ihm sagte, und schließlich war nichts leichter als das. Er dachte zurück an Madhya Pradesh. An die dortige Leprastation. Wie viele Menschen, die er gut gekannt hatte – Familienangehörige und Freunde – waren an der furchtbaren Krankheit elend zugrunde gegangen? Ihnen hatte niemand geholfen, doch er hatte Glück gehabt, er hatte zu den Auserwählten gehört, die in die Station aufgenommen und behandelt worden waren. Fürsorgliche Ärztinnen und Schwestern hatten ihn – und nicht nur ihn, sondern auch tausende andere – behandelt und geheilt. Sie hatten ihm ein zweites Leben geschenkt. Es waren gute Menschen.

Dann hatte er ein zweites Mal Glück gehabt. Er wusste nicht, warum, aber er und ein anderer junger Mann namens Taroun waren auserwählt worden und man hatte ihnen eine besondere Möglichkeit eröffnet. Die beste, die er sich vorstellen konnte. Die Möglichkeit, selbst Gutes zu tun. Man hatte ihnen von den Lazarus-Rittern erzählt. Diese waren Teil eines Krankenpflegeordens gewesen, der im zwölften Jahrhundert ursprünglich aus einem dem Heiligen Lazarus (auf ihn ging das Wort

Lazarett zurück) geweihten Leprahaus vor den Toren von Jerusalem entstanden war. Während der Kreuzzüge fing der Ritterorden an, auch militärische Aufgaben zu übernehmen. Er rekrutierte sich ausschließlich aus Leprakranken – Männer, die nichts mehr zu verlieren hatten und infolgedessen fast völlig furchtlos waren. Sie kämpften tapfer, aber aufgrund ihrer Erkrankung meist nicht sehr erfolgreich, die Zahl ihrer Gefallenen war die höchste unter den Kreuzrittern.

Die Lazarus-Ritter von heute – Rajiv wusste, dass es außer ihm und Taroun noch einige weitere aus den Hilfscamps überall auf der Welt gab – waren genauso gläubig und treu ergeben wie die des Mittelalters, doch es gab auch einen entscheidenden Unterschied: Sie hatten die Krankheit überstanden, es gab nichts, das sie aufgehalten hätte.

Er dachte an Taroun. Er war ebenfalls unterwegs nach Rom, oder befand sich vielleicht auch schon dort. Rajiv wusste, was der Zweck von Tarouns Auftrag war. Er wusste es, weil er es wissen musste, weil es eine wichtige Voraussetzung für das Gelingen seines eigenen Auftrags war. Die Details kannte er nicht. Jedem wurde nur mitgeteilt, was unbedingt erforderlich war. Es war sicherer so.

Nervös tastete er nach der Wundertätigen Medaille der Jungfrau Maria, die er an einer Kette um den Hals trug. Er kam, um Gutes zu tun. Heute würde es wieder soweit sein.

IX

Oberstleutnant Jean Brunner, Vizekommandant der Schweizer Garde, wirkte ruhig wie immer, als er zwischen dem unteren Teil der Vatikanischen Gärten und der Rückseite des Peterdoms entlangschritt. Sein Ziel war das Gebäude der Glaubenskongregation. Ihm war bewusst, dass es ein ziemlicher Umweg war. Er hätte den Kasernenbereich der Garde nur durch die unscheinbare Tür, die innen hinter der Vatikanbank und außen hinter der rechten Seite der Berninikolonaden lag, verlassen, den Petersplatz überqueren und dann die Kongregation am Petrianustor von der Seite her betreten müssen. Der von ihm gewählte Weg war fünfmal so lang. Aber diskreter. Jemand, der ihn dabei beobachtet hätte, würde sich wahrscheinlich gewundert haben, dass sein Weg teilweise ohne ersichtlichen Grund abrupte Richtungsänderungen beinhaltete, die etwas verrückt wirkten. Doch Brunner war keineswegs verrückt. Die Vatikanischen Gärten waren mit fünftausend Überwachungs-kameras bestückt, die nur ausgeschaltet wurden, wenn sich der

Heilige Vater dort aufhielt, und die ansonsten eine lückenlose Überwachung sicherstellten. Normalerweise. Doch Brunner kannte die toten Winkel und nur in denen bewegte er sich. Je weniger Menschen ihn dabei sahen, desto besser. Er hatte zwar keinerlei Vorstellung davon, was geschehen würde, aber es war jedenfalls nicht korrekt. Bestenfalls nur nicht korrekt. Er durfte gar nicht daran denken, dass es wahrscheinlich um weit Schlimmeres ging. Nein, nicht wahrscheinlich, ganz sicher sogar.

Zum hundertsten Mal dachte er darüber nach, ob er sich der Vatikanischen Polizei und vor allem seinem Vorgesetzten, Oberst Durand, anvertrauen sollte. Aber in diesem Punkt war man mehr als deutlich gewesen: Kein Wort zu irgendjemandem, sonst …!

Er schluckte. Man hatte ihn auch darauf hingewiesen, dass man davon erfahren würde, wenn er dieser Weisung zuwiderhandelte. Möglicherweise ein Bluff, aber denkbar war es durchaus, das Risiko war einfach zu hoch.

Emanuela Orlandi.

Sein Mund wurde trocken, wenn er an diesen Namen dachte.

Er hatte sie nie kennengelernt – Brunner war erst lange »danach« nach Rom gekommen – aber jeder wusste, was es mit diesem Namen auf sich hatte. Emanuela Orlandi war die Tochter eines Hofdieners von Johanns Paul II. gewesen. Am 22. Juni 1983 hatte das fünfzehnjährige Mädchen den Vatikan verlassen, um mit dem Bus zur Musikschule zu fahren. Nach dem Unterricht hatte sie einer Freundin erzählt, dass sie ein Jobangebot von der Firma Avon Cosmetics erhalten habe. Danach hatte sie niemand mehr lebend gesehen. Mehrfach meldeten sich telefonisch Männer, die sie später noch an verschiedenen Orten gesehen haben wollten. Ein anderer Anrufer bezeichnete sie als Gefangene der Terrororganisation Graue Wölfe und verlangte als Preis für ihre Rückkehr die Entlassung des Papstattentäters Ali Ağca aus dem Gefängnis. Die römische Polizei verfolgte zahlreiche Spuren, die unter anderem nach Paris, Ungarn, dem Irak, Luxemburg, Südtirol und in die Türkei führten. Als Täter wurden die CIA, der KGB und die Mafia in Betracht gezogen. In der römischen Basilika Sant'Apollinare wurde das Grab des Mafiabosses Enrico De Pedis geöffnet, da man dort ihre Leiche vermutete. Der weltbekannte römische Exorzist Gabriele Amorth vertrat die Ansicht, dass eine Organisation, die aus Angehörigen der Vatikanischen Polizei und ausländischen Diplomaten bestehe, das Mädchen für Sexpartys entführt und dann ermordet habe. Im Jahre 2018 (fünfunddreißig Jahre nach ihrem Verschwinden) führte ein mysteriöser Knochenfund in der Apostolischen Nuntiatur in Rom zu weiteren Untersuchungen und 2019 ging man Hinweisen nach, dass Emanuela Orlandis Leichnam in einem von zwei Gräbern auf dem sich auf vatikanischem Boden befindlichen, aber exterritorialen Friedhof Campo Santo Teutonico liegen könnte. Wie alle anderen Spuren erwiesen sich auch diese als Sackgasse, doch Gerüchte, dass hohe Angehörige des Vatikan bei ihrer Entführung die Hand im Spiel gehabt hatten, hielten sich weiterhin hartnäckig.

Und nun schien sich dieses Grauen zu wiederholen. Wenn auch auf andere Weise. Heute Morgen hatte Brunner einen Videoanruf auf seinem Smartphone erhalten. Auf dem Bildschirm hatte er seine zwölfjährige Tochter Chiara auf ihrem Schulweg gesehen. Zuerst gefilmt aus einiger Entfernung von der Seite, dann hatte sich die Person mit dem Smartphone zurückfallen lassen und filmte sie nun von hinten aus etwa zehn Meter Entfernung. Schließlich hatte Brunner eine Stimme mit einem ungewöhnlichen Akzent gehört. »Hören Sie mir gut zu, Oberstleutnant Brunner. Noch geht es Chiara gut. Aber das kann sich schnell ändern.« Die Kamera bewegte sich leicht nach rechts auf eine Bushaltestelle zu, an der einige Menschen auf den soeben herannahenden Bus warteten. Dann eine Hand, die gegen den Rücken eines alten Mannes mit einem Krückstock stieß. Der Mann stolperte nach vorn auf die Straße und wurde von dem Bus erfasst. Ein lauter Knall drang aus dem Lautsprecher. Der Mann mit der Kamera hatte sich währenddessen kontinuierlich weiterbewegt und nahm nun wieder Chiara ins Visier. Im Hintergrund hörte Brunner nun Schreie und dann wieder die Stimme: »Wir garantieren, dass Ihrer Tochter nichts passiert, solange Sie kooperieren und unsere Anweisungen präzise, umgehend und bedingungslos ausführen.«

»Ich tue, alles was Sie sagen«, hatte Brunner gestammelt. »Aber viel Geld habe ich nicht, ich müsste …«

»Wir wollen kein Geld«, hatte ihn der Mann mit dem ungewöhnlichen Akzent unterbrochen. Dann hatte er eine Reihe von Anweisungen durchgegeben, deren Zweck Brunner nicht klar war. Zum Schluss hatte ihn der Mann davor gewarnt, seine Tochter anzurufen oder sie anderweitig zu warnen, und ihm befohlen, sich für weitere Anweisungen bereitzuhalten. Nur so würde er seine Tochter lebend wiedersehen. Und das war die Hoffnung, an die er sich seitdem klammerte. Er musste nur tun, was diese Leute verlangten, dann würden sie Chiara nichts antun, und was immer es sein würde, er war entschlossen, zu gehorchen.

Er schluckte eine weitere von den pflanzlichen Beruhigungstabletten, die er mittlerweile einwarf wie Tic Tacs. Er hatte nicht das Gefühl, dass sie etwas nützten, wahrscheinlich wäre ein stärkeres Mittel wirkungsvoller gewesen, aber er würde sie weiter nehmen, denn sie bekam er rezeptfrei, was kein Aufsehen erregte, und außerdem hielt er es durchaus für möglich, dass er sich ohne sie noch schlimmer gefühlt hätte.

Dann überquerte er den Platz vor der Audienzhalle, betrat das Gebäude der Glaubenskongregation durch den Seiteneingang, durchmaß die Eingangshalle, betrat einen kleinen Gang und strebte auf die Tür am anderen Ende zu.

X

Rajiv parkte in der Nähe des Vatikan und machte sich zu Fuß auf den Weg. Fünf Minuten später stand er auf dem Petersplatz. Er hatte ihn noch nie mit eigenen Augen gesehen und der Gesamteindruck überwältigte ihn geradezu. Jahrhundertelang war dies der Mittelpunkt der Welt gewesen – für Rajiv war er es immer noch – er erschauerte bei dem Gedanken daran, was sich hier alles abgespielt hatte. *Hier also …*

Für einige Minuten vergaß er seinen Auftrag, wanderte auf dem Petersplatz umher und bestaunte ehrfürchtig die Fassade des Doms. Für sein Leben gern hätte er sich in die lange Warteschlange vor der Sicherheitskontrolle des Eingangs eingereiht und das gewaltige Bauwerk von innen bestaunt, doch dafür war heute keine Zeit, jetzt musste er tun, wozu er gekommen war.

Er durchquerte die von Bernini erschaffenen Kolonaden und steuerte auf das Gebäude der Glaubenskongregation zu. Er betrat es jedoch nicht, sondern folgte der Fassade bis zu ihrem Ende, wo sich eine schlichte braune

Mauer anschloss, in der sich eine kleine unscheinbare Tür befand. Daneben die Hausnummer 9 und ein ebenso schlichtes Schild:

Casa Dono di Maria

Von außen gesehen war dies eindeutig die unscheinbarste Stelle des gesamten Vatikan. Hinter der Tür befand sich eine Suppenküche für Bedürftige. Mutter Teresa hatte diese Einrichtung auf Wunsch von Johannes Paul II. gegründet und täglich wurden hier hunderte von armen Männern und Frauen verköstigt. Außerdem bot die Casa unentgeltlich Schlafplätze für fünfzig bis siebzig Frauen sowie ärztliche Versorgung für diese.

Im Übrigen – und darum war Rajiv hier – war dies der einzige Zugang zum Vatikan, den jeder anonym und ungehindert passieren durfte. Es wurde weder ein Ausweis verlangt, noch musste ein Passierschein ausgestellt werden. Natürlich befand man sich dann lediglich in den Räumlichkeiten des Dono di Maria und nicht einmal die Ordensschwestern, die sich hier um ihre Schützlinge kümmerten, besaßen einen Schlüssel, um die Durchgangstür zur Glaubenskongregation aufzusperren, doch wenn der Vizekommandant der Schweizer Garde plötzlich durch diese Tür trat und einen der Bedürftigen aufforderte, mit ihm zu kommen, dann mochten sie das vielleicht ungewöhnlich finden – wenn sie es inmitten ihrer anstrengenden Arbeit überhaupt mitbekamen – würden aber niemals auf den Gedanken verfallen sein, dass hier etwas nicht mit rechten Dingen zuging.

XI

Cavelli war auf dem Rückweg zum Vatikan. Er fühlte sich erfrischt. Zweimal pro Woche ging er in einen kleinen Sportverein in Trastevere zum Ringen. Bevor er sich damals für diese Kampfsportart entschieden hatte, war er in verschiedenen Vereinen bei diversen Trainings gewesen und hatte auch Karate, Boxen und Jiu-Jitsu ausprobiert. Beim Ringen hatte er nicht nur das Gefühl gehabt, dass es den besten Effekt für seinen Körper brachte, ihm gefielen auch die Leute dort besser. Sie waren ernsthafter, bei den anderen Sportarten war er sich teilweise wie in einem besonders schlechten Rambofilm vorgekommen. Ironischerweise hatte er später gehört, dass bei sogenannten Mixed-Martial-Arts-Tournieren, also Wettkämpfen, bei denen Vertreter verschiedener Kampfsportarten gegeneinander antraten, am Ende fast immer die Ringer den Sieg davontrugen. Er betrieb diesen Sport nun seit fast elf Jahren und entgegen seiner Erwartung war er mit zunehmendem Alter darin nicht schlechter, sondern besser geworden. Natürlich spielte

Kraft dabei durchaus eine Rolle und die nahm im Laufe der Jahre einfach zwangsläufig etwas ab, aber inzwischen hatte er durch seine lange Erfahrung eine Ruhe entwickelt, die ihm gegenüber jüngeren Gegnern, die zwar stärker, aber auch impulsiver waren, einen nicht zu unterschätzenden Vorteil verschaffte.

Wie fast immer nach dem Training befand er sich in einer gelassenen und zuversichtlichen Stimmung. Das Abendessen bei Oberst Durand heute Abend würde schon zu ertragen sein, im Gegenteil: Mit Beatrice als seiner Begleiterin konnte es sogar ganz lustig werden. Er war immer wieder überrascht, dass Beatrices Ehemann Terry nichts dagegen zu haben schien, dass er gelegentlich mit ihr ausging, denn ansonsten konnte der eigentlich ruhige Englischprofessor, wenn es um seine Frau ging, sich in Sekundenschnelle in einen Othello verwandeln, dem alles zuzutrauen war. Nur bei Cavelli schien er keine Bedenken zu haben, was dieser etwas beleidigend fand. Natürlich verbot sich Cavelli jegliche Annährungsversuche an Beatrice, aber gelegentlich hatte er sich durchaus gefragt, was passiert wäre, wenn er sie vor seiner Frau Elena kennengelernt hätte. Und ihm war auch absolut bewusst, dass die übertrieben provokante Art, die sie ihm gegenüber oft demonstrativ an den Tag legte, nur dazu diente, sie selbst davon zu überzeugen, dass sie sich nicht von Cavelli angezogen fühlte.

XII

Vizekommandant Brunner führte Rajiv – wieder unter Umgehung sämtlicher Überwachungskameras – auf demselben Weg zurück, auf dem er gekommen war, und hoffte, dass er dabei niemandem begegnete. Zumindest konnte er sicher sein, dass er auf keinen Gardisten stoßen würde, schließlich oblag ihm die Ausfertigung der Dienstpläne und den für heute Abend hatte er vor einigen Stunden noch einmal entsprechend geändert. Es war eine knifflige Arbeit gewesen, formal sah alles in Ordnung aus, aber inmitten des gut geölten Präzisionsuhrwerks von vorgeschriebenen Wegen, Abläufen und Ablösungen befand sich nun dieses zehnminütige Vakuum, das ihn und seinen ungebetenen Gast vor Entdeckung schützte. Noch immer verbot er sich, weiter als über den Augenblick hinaus zu denken. *Eins nach dem anderen. Probleme werden dann gelöst, wenn sie sich stellen.*

Stattdessen sinnierte er darüber nach, was diesem Mann zugestoßen sein mochte, dass sein Gesicht und seine Hände so entstellt waren.

Sechs Minuten später betraten sie Brunners Dienstwohnung im ersten Stock der vordersten von drei Gardekasernen. Niemand hatte sie gesehen.

Rajiv sah sich in der Wohnung um. »Die Jalousien.«

Brunner eilte zum Fenster und ließ sie hinuntergleiten. Rajiv nickte zufrieden. »Haben Sie den Schlüssel?«

Brunner nickte. Er wollte auch etwas antworten, aber seine Kehle war trocken.

Rajiv zog ohne Eile einen klein zusammengefalteten weißen Einwegoverall aus der Jackentasche und begann, ihn in aller Ruhe über seine Schuhe und Kleidung zu streifen. Brunner sah ihm mit fasziniertem Grausen zu, bis er die Kapuze über den Kopf gezogen und zwei OP-Handschuhe übergestreift hatte.

»Und jetzt?«

Rajiv setzte sich vorsichtig in einen Sessel, sah auf die Uhr an der Wand und lächelte freundlich.

»Jetzt warten wir.«

XIII

Cavelli konnte es kaum fassen. In all den Jahren, die er Oberst Durand kannte, war er ihm nie anders als ein sehr ernster, korrekter und völlig humorloser Mann vorgekommen, doch heute erlebte er ihn von einer ganz anderen Seite. Ihm war auch klar, woran das lag. Beatrice hatte nun mal diese ganz besondere Wirkung auf Männer, mochten diese auch noch so katholisch und obendrein Mitarbeiter des Vatikan sein. In Beatrices Gegenwart wirkte der sonst so gesetzte Schweizer plötzlich zwanzig Jahre jünger und fast ein wenig übermütig. Normalerweise hatte er nichts für Leute übrig, die den Vatikan in erster Linie als Touristenattraktion betrachteten und nicht als den ehrwürdigen Wohn- und Amtssitz des Heiligen Vaters. Bitten um eine Führung wurden normalerweise von ihm umgehend abgeschmettert oder, wenn es sich bei wichtigen Gästen gar nicht umgehen ließ, auf das allernotwendigste (und sicherheitstechnisch unbedenklichste) beschränkt. Heute Abend war es anders gewesen. Kurz nach neunzehn Uhr hatte Cavelli seine Wohnung im dritten Stock eines Palazzos inmitten der Vatikanischen Gärten verlassen und war zur Porta Sant'Anna, dem Haupteingang der Vatikanstadt, gegangen, um auf Beatrice zu warten. Ein paar Minuten später war sie in einem Taxi herangerauscht und hatte ihn mit einer Umarmung und einem Kuss auf die Wange begrüßt. In ihrem engen Sommerkleid sah sie atemberaubend aus – eigentlich sah sie *immer* atemberaubend aus, egal, was sie trug, aber dieses Kleid war eindeutig mehr Party und weniger Vatikan und Cavelli bewunderte nicht zum ersten Mal, wie sehr die jungen Männer der Schweizer Garde ihre Augen und Gesichter angesichts solcher moralischer Anfechtungen unter Kontrolle hatten.

Er führte sie zu der Tür in dem großen Torbogen, gleich links hinter dem Pfortenhäuschen – der dort Wache stehende Gardist war über Cavellis Besuch offenbar instruiert worden und salutierte – und dann betraten sie den Gardehof. Oberst Durand hatte seine Dienstwohnung im zweiten Stock des ersten der drei langgezogenen, parallel liegenden Kasernengebäude, in der alle Gardisten und Offiziere untergebracht waren.

Der Oberst hatte ihnen selbst geöffnet und von da an nur noch Augen für Beatrice gehabt. Cavelli hatte ihm als Gastgeschenk eine Flasche Tignanello mitgebracht. Ein eher übertrieben teurer Wein für jemanden, den man nicht besonders gut kannte, aber es steckte durchaus etwas Eigennutz dahinter. Den Wein, den Durand bei früheren Gelegenheit serviert hatte, den sogenannten Gardewein, auf dessen Etikett sogar ein Gardist in voller Uniform prangte, ein Ugolforte Brunello, war zwar auch gehoben zu nennen und ganz und gar nicht billig, aber nicht nach Cavellis Geschmack. Doch man kam nicht dazu, ihn zu öffnen, kaum hatte Beatrice geäußert – Cavelli war sich nicht sicher, ob sie es aus Höflichkeit oder aus echtem Interesse getan hatte – dass sie sehr fasziniert sei, hier sein zu dürfen, hatte Oberst Durand darauf bestanden, eine Führung durch den Gardebereich des Vatikan zu unternehmen. Der war nicht besonders groß und, wie es Cavelli sah, war die einzige echte Sehenswürdigkeit die Waffenkammer, in der sich nicht nur die modernen Waffen befanden, sondern auch Hellebarden, Schwerter, Rüstungen und andere altertümliche Gerätschaften. Doch für Beatrice schien dies Durand nicht ausreichend zu sein. Nach der Waffenkammer führte er sie und Cavelli in einen Keller unter der Kaserne, in dem selbst Cavelli noch nie gewesen war. Mit einem uralten Schlüssel sperrte er eine Eisentür auf, drückte einen Schalter und eine lange, tausend Jahre alte Steintreppe, die nach oben führte, wurde in höchst unpassendes Neonlicht getaucht. »Folgen Sie mir.« Zu dritt erklommen sie die Treppe, an deren Ende Durand eine weitere Tür aufschloss, hinter der sich ein Gang befand, dessen Ende in beide Richtungen nicht zu sehen war. Nicht ohne Stolz wandte sich der Oberst an Beatrice. »Dies ist der Passetto. Der Geheimgang auf der alten Stadtmauer, der den Apostolischen Palast mit der

Engelsburg verbindet, Der Fluchtweg der Päpste. 1527 brachte sich hier Clemens VII. mit siebenundvierzig Schweizer Gardisten in Sicherheit. Jeder kennt das Ende des Passetto in der Engelsburg, man kann ihn von dort aus touristisch besichtigen, allerdings nur etwa die erste Hälfte der achthundert Meter. Doch niemand kennt den Anfang des Passetto. Das hier ist er. Oder zumindest fast, von hier aus geht es in die andere Richtung noch etwa fünfzig Meter weiter zum Apostolischen Palast.« Er strahlte Beatrice so voller Stolz an, als habe er den Passetto persönlich erbaut. Auch Cavelli staunte. Das Ende des Passetto im Apostolischen Palast kannte er. Er hatte diesen Zugang schon des Öfteren bei sehr schlechtem Wetter benutzt, um im Passetto sein Joggingprogramm zu absolvieren, und er hatte sich fast jedes Mal gefragt, wohin wohl diese Eisentür im Gang führen mochte.

Fast eine Stunde führte der Oberst sie herum und weihte sie in weitere Geheimnisse des Passetto ein. Als sie schließlich in Durands Wohnung zurückkehrten, war es bereits dunkel.

XIV

Es musste etwa fünfzehn Minuten her sein, dass vom Petersdom acht Glockenschläge herübergehallt waren. Rajiv hatte ein sehr präzises Empfinden für Zeit, sah aber dennoch auf seine Armbanduhr. Es war genau 20 Uhr 14. Er zog mühsam ein Blatt Papier aus der Jackentasche unter dem Plastikoverall hervor und vergewisserte sich, dass der Dienstplan der Schweizer Garde, den ihm Vizeoberst Brunner zuvor telefonisch durchgegeben hatte, mit seiner Erinnerung übereinstimmte. Auch hier war von Brunner für heute eine Lücke eingebaut worden. Von 20 Uhr 10 bis 20 Uhr 30 würde kein Gardist dieses Gebäude oder den Hof davor betreten oder verlassen. Mehr als genug Zeit also.

Rajiv erhob sich aus dem Sessel. Das Knistern seines Overalls hatte etwas Surreales. Vizekommandant Brunner, der die ganze Zeit angespannt auf einem Stuhl gesessen hatte, war unsicher, wie er sich verhalten sollte, und erhob sich ebenfalls. Rajiv streckte die Hand aus. »Ihre Waffe bitte.«

Brunner wurde blass. Übelkeit stieg in ihm auf. »Wie bitte?«

Rajiv sah ihn nur unverwandt an und wiederholte seine Bitte nicht. Brunner hatte schon verstanden und die ausgestreckte Hand war Aufforderung genug.

Brunner rührte sich nicht. Tausend Gedanken schossen ihm durch den Kopf. Etwas in ihm wollte fragen »Warum und wozu?«, aber er wusste, dass es sinnlos gewesen wäre. Der Mann würde ihm nichts verraten und es war auch zwecklos zu diskutieren. Diese Leute bedrohten seine Tochter und es war klar, dass er am Ende sowieso alles tun würde, was sie verlangten.

Brunner öffnete die Jacke seines schwarzen Anzugs und zog die Glock 19 aus dem Cordura-Gürtelholster. Einen Moment wog er sie zögernd in der Hand, dann übergab er sie dem Mann mit dem entstellten Gesicht.

Rajiv nahm sie gleichmütig entgegen, entfernte das Magazin aus der Waffe und überzeugte sich davon, dass es voll geladen war, was für die Glock 19 fünfzehn Patronen bedeutete. Er wusste, dass die Schweizer Garde besondere, nur für sie hergestellte Spezialmunition von der Firma Remington bezog. Zurzeit war es die Remington Pontificio. Er zog den Schlitten zurück und drückte ab. Es klickte. Dann schob er das Magazin wieder hinein und zog den Schlitten erneut zurück, wodurch eine Patrone in die Kammer transportiert wurde. Nun war die Glock schussbereit.

Die Waffe gefiel ihm. Da sie zum größten Teil aus Kunststoff bestand, war sie sehr leicht. Dennoch bevorzugte er normalerweise seine kleine Groza-Waffe aus KGB-Beständen. Sie hatte zwar nur zwei Schuss vom Kaliber 22, war aber dafür ultraleise, warf die Patronenhülsen nicht aus und dank eines praktischen Kippsystems war sie notfalls sogar mit nur einer Hand zu laden. Die Groza-Waffe ließ sich sehr gut in der Kleidung verbergen und ein Schuss daraus war nicht lauter, als wenn man eine Kühlschranktür zuwarf. Es war keine Verteidigungswaffe, auch zur Abschreckung taugte sie nicht, da sie eher wie ein Spielzeug wirkte, aber für das, wozu man sie konstruiert hatte, für Liquidierungen aus nächster Nähe, war sie ideal. Heute allerdings trug Rajiv sie nicht bei sich. Er würde sie nicht brauchen.

Aufmerksam betrachtete er das Gesicht des Vizekommandanten. Brunner hatte diesen besonderen Ausdruck, den Rajiv während seiner Tätigkeit schon so oft gesehen hatte. Eine Mischung aus Resignation und Hoffnung. In diesem Zustand taten die Leute alles, was man ihnen befahl. »Gehen wir.«

»Wohin?«, fragte Brunner, obwohl er es bereits ahnte. Er hoffte jedoch inständig, dass der Mann mit dem entstellten Gesicht etwas anderes antworten würde.

Rajiv blieb stumm. Er deutete nur mit dem Zeigefinger zur Zimmerdecke.

Brunner wurde blass. Es stimmte also. Sie würden in die Wohnung über der seinen gehen. Zu Oberst Durand.

Rajiv war bereits an der Wohnungstür und öffnete sie mit seiner behandschuhten Hand. Er lauschte. Im Treppenhaus war es völlig still. Kein Gardist würde sich sehen lassen, Oberst Durand war wie jeden Abend allein in seiner Wohnung und seine Ehefrau war seit Wochen verschwunden. Ursprünglich war Letzteres ein Problem gewesen und hatte dazu geführt, dass man den Plan ändern musste. Er war nun etwas komplizierter, aber das war in Ordnung.

Mit grotesker Höflichkeit gewährte er Brunner den Vortritt. Die Wohnungstür ließ er offen. Ein weiterer Mosaikstein des Gesamtbildes, das sich bald der Öffentlichkeit bieten würde. Es war alles bis ins letzte Detail durchdacht. Technisch und psychologisch.

Brunner stieg die Treppe schwerfällig nach oben wie ein zum Tode Verurteilter die Stufen zum Schafott. Durchaus zu Recht. Vor der Tür würde Rajiv drei Dinge tun. Er würde Brunner an seine Tochter erinnern und ihm, wenn nötig, bildhaft beschreiben, was man ihr antun würde, sollte er seinen Anweisungen nicht präzise Folge leisten. Dann würde er ihm erklären, was er zu tun habe (zumindest den ersten Teil davon, die zweite Hälfte würde dann eine besondere Überraschung sein) und schließlich würde er ihm seine Pistole zurückgeben. Dann würde Vizekommandant Brunner die Wohnung von Oberst Durand aufschließen, hineingehen und diesen mit mehreren Schüssen in Brust und Kopf töten. Rajiv würde sich vergewissern, dass Durand tot war (sein

Overall sorgte dafür, dass er nicht die kleinste Spur in der Wohnung hinterließ), und anschließend würde Rajiv Brunner die zweite Bedingung dafür nennen, dass Chiara unversehrt zurückkehren würde: Sich selbst zu erschießen. Die Schüsse würde man natürlich hören, aber angesichts der zahlreichen Gebäude auf engstem Raum würde es eine ganze Weile dauern, bis man herausgefunden hatte, woher sie gekommen waren. In der Zwischenzeit würde Rajiv sich seines Overalls entledigt, die Kaserne verlassen, das Holztor passiert und die paar Meter bis zum Sant'Anna-Tor zurückgelegt und es ungehindert durchquert haben. Kontrolliert wurde nur, wer in den Vatikan *hinein*wollte. Wenn man schließlich die Leichen von Kommandant Durand und seinem Stellvertreter entdeckte, würde die Öffentlichkeit glauben, ein makabres Déjà-vu zu erleben: Im Mai 1998 war der damalige Kommandant der Schweizer Garde, Alois Estermann, zusammen mit seiner Ehefrau erschossen worden. Der Täter, der Schweizer Gardist Cédric Tornay, beging noch am Tatort Selbstmord. Das war es zumindest, was der Vatikan nur Stunden nach der Tat offiziell bekannt gab. Angeblich sei Tornay erzürnt darüber gewesen, dass Estermann ihm einen Orden verweigert hatte, der ihm aufgrund seiner geleisteten Dienstzeit zustand. Tornay habe in einem Zustand plötzlichen Wahnsinns gehandelt. Der Fall wurde so zu den Akten gelegt, obwohl nach und nach zahllose Ungereimtheiten ans Tageslicht kamen, die für Tornays Unschuld sprachen und ein vatikanisches Komplott vermuten ließen, durch das der einigen Mächtigen wohl unbequem gewordene Estermann beseitigt werden und Tournay als Sündenbock herhalten sollte. Es spielte letztlich keine Rolle, was man hier glauben würde, sagte sich Rajiv. Entweder würde man Oberstleutnant Brunner für den Täter halten oder man würde genüsslich eine vatikanische Intrige hinter den Taten vermuten.

So oder so, Oberst Durand würde tot sein und es würde weder Zeugen geben noch eine Spur, die nach außen führte, und nur darauf kam es an.

Nachdem Vizekommandant Brunner leise die Tür aufgeschlossen hatte, durchquerte er zügig den kurzen Flur. Die Glock hielt er entsichert und schussbereit in der rechten Hand. Dann betrat er das Wohnzimmer. Oberst Durand saß auf dem Sofa und hielt ein Glas Rotwein in der Hand. Beim unerwarteten Anblick seines Stellvertreters fiel ihm die Kinnlade herunter. Langsam erhob er sich. »Jean, was um Himmels willen …?«

Jean Brunner hob die Waffe und zielte auf Durands Brust. Einen Moment sahen sich die beiden Männer stumm in die Augen.

»Es – es tut mir leid«, stammelte Brunner. »Sie haben meine Tochter.« Dann drückte er ab. Der Knall in dem Raum mit der niedrigen Decke war ohrenbetäubend. Brunner hatte noch nie ohne Ohrenschützer in einem geschlossenen Raum einen Schuss abgegeben, in seinen Ohren klingelte es. Oberst Durand war zusammengesackt wie eine Marionette, der man die Fäden durchgeschnitten hatte, und lag regungslos auf dem Boden. Doch Brunner musste sichergehen. Er war eben im Begriff, die Waffe erneut zu heben, um auf Durands Stirn zu zielen, als er aus dem Augenwinkel eine Bewegung wahrnahm. Brunner fuhr herum. In einem Sessel saß eine Frau in einem Kleid, die entsetzt ihre Hände auf den Mund presste und ihn anstarrte. Für einen kurzen Moment setzte Brunners Verstand aus. Das konnte nicht sein! Das war nicht Durands Frau. Und Durand hatte nie Gäste. Das *durfte* einfach nicht sein. Mehr instinktiv als willentlich hob er die Glock und schwenkte sie in Richtung der Frau. Dann spürte er einen stechenden Schmerz in seinem rechten Handgelenk. Brunner schrie auf. Wie aus dem Nichts war von der anderen Seite ein Mann aufgetaucht und hatte ihm die Waffe mit einer halbvollen Weinflasche aus der Hand geschlagen. Offenbar hatten die beiden in den Sesseln an der Wand neben der Tür gesessen, daher hatte er sie beim Reinkommen nicht bemerkt. Jetzt erkannte er den Mann, es war Don Cavelli, dieser reiche Geschichtsprofessor, der im Vatikan wohnte, obwohl er dort nach Brunners Auffassung nichts zu suchen hatte. Ohne nachzudenken bückte er sich nach der Waffe, doch es war zu spät, plötzlich war auch die Frau in dem Kleid neben ihm und mit einem schnellen Fußtritt beförderte sie die Pistole unter das Sofa. Im nächsten Moment spürte er einen Stoß von Cavelli, der ihn straucheln ließ, und dann sah er Cavelli die Frau am

Arm packen und aus dem Zimmer flüchten. Brunner sprang auf, lief zum Sofa und tastete nach der Waffe, doch als er sie endlich zu fassen bekam, hörte er bereits unten im Treppenhaus die Haustür zuschlagen.

Es war zu spät.

XV

Etwas machte *Klick* in Oberstleutnant Brunners Kopf. Er wusste automatisch, was zu tun war. Dies war ein *Code 21.*

Bewaffneter Angreifer im Vatikan!

Natürlich hatte man dafür gebetet, dass es nie dazu kommen würde, aber das änderte nichts daran, dass man wieder und wieder für eine solche Situation trainiert hatte. Dass Brunner selbst dieser Angreifer war, spielte dabei keine Rolle; für die Männer der Garde würde das wahr sein, was Brunner ihnen vorgab.

In einer tausendfach ausgeübten Bewegung griff er zu dem digitalen Funkgerät in seiner Tasche. Er drückte die Taste und sprach laut und überdeutlich artikulierend in das Gerät: »Code 21.«

Er ließ die Taste los und dachte nach. Dann drückte er sie erneut und fügte hinzu: »Dies ist keine Übung.« Der Funkspruch ging an alle Gardisten, welche an den Zugängen zum Vatikan Posten standen. Code 21 – die Zahl war gewählt worden, weil sie schnell zu sprechen und gut verständlich war – bedeutete, dass man sich ab sofort im Verteidigungsmodus befand. Alle Tore waren zu schließen. Niemand durfte den Vatikan verlassen oder betreten. Notfalls war von der Waffe Gebrauch zu machen.

Seit dem Schuss auf Oberst Durand waren kaum zehn Sekunden vergangen. Brunner hatte währenddessen rein instinktiv reagiert. In dem Moment, wo er die Taste seines Funkgeräts losließ, sah er den Mann mit dem entstellten Gesicht das Wohnzimmer betreten und die Realität brach wie eine gewaltige Meereswoge über ihn herein.

XVI

Hellebardier Elias Monthey war in bester Stimmung. Seine Wache war fast beendet und es war ein vergleichsweiser angenehmer Dienst gewesen. Die kleine Metalltür in der alten Mauer hinter der Vatikanbank und neben den drei Kasernengebäuden der Schweizer Garde, die auf der Seite des Petersplatzes nahe der Vatikanischen Postfiliale lag, war so unscheinbar, dass sie kaum jemand bemerkte. Dennoch war es ein wichtiger Eingang zum Vatikan, ja – wie manche Spötter behaupteten – der wichtigste. Während die Porta Sant'Anna von 5.45 bis 24.00 Uhr geöffnet war – andere Eingänge kürzer – war diese Tür für Bewohner des Vatikan rund um die Uhr zugänglich. Tagsüber allerdings wurde sie kaum benutzt, weshalb man an dieser abgelegenen Stelle in der Regel vier Stunden lang ungestört im Schatten stehen und seinen Gedanken nachhängen konnte.

Elias Monthey blickte recht zufrieden auf seine ersten Dienstwochen zurück. Vieles war ganz anders, als er es sich vorgestellt hatte. Manches besser, manches schlechter. Das große Ganze gefiel ihm, es waren die Kleinigkeiten, die ihn ärgerten. Kleinigkeiten wie, dass die berühmte farbenprächtige Uniform der Garde – die, wie er am ersten Tag gelernt hatte, keineswegs von Michelangelo entworfen worden war, sondern erst 1914 von dem Gardekommandanten Jules Repond der Uniform des sechzehnten Jahrhunderts nachempfunden worden war (davor hatte man eine klassische Uniform mit Pickelhaube getragen) – zwar einerseits so modern war, dass sich hinter der Fake-Knopfleiste der Jacke ein Reisverschluss verbarg, andererseits aber keine einzige Tasche hatte, was sich zuweilen als äußerst unpraktisch erwies. Auch dass er die Uniform nach Ende seiner Dienstzeit nicht behalten durfte, sondern dass man sie, wie man ihm auf die entsprechende Frage mitgeteilt hatte, wie alle Uniformen der ausgeschiedenen Gardisten zerstören würde, war eine herbe Enttäuschung gewesen.

Eine positive Überraschung war hingegen die Dachterrasse auf dem inneren der drei Kasernengebäude gewesen, auf der er mit den Kameraden täglich einen Teil seiner dienstfreien Zeit verbrachte, rauchte, Witze machte und die Sonne genoss. So ließ sich das Leben gut aushalten. Jetzt waren es nur noch ein paar Minuten und dann …

Sein Funkgerät knackte.

XVII

Rajiv war kreidebleich, was sein Gesicht noch unheimlicher machte. Was war hier gerade geschehen? Brunner hatte Oberst Durand erschossen, soweit war alles planmäßig verlaufen, aber dann war die Situation außer Kontrolle geraten. Nach dem Schuss hatte Rajiv auf den zweiten gewartet. Doch der war nicht gekommen. Stattdessen hatte er Geräusche eines Kampfes gehört. Für einen Moment hatte Rajivs Herz ausgesetzt. Hatte es nicht geheißen, dass Durand nie Gäste hatte? Aber plötzlich waren da Fremde in der Wohnung gewesen. Bevor er noch einen klaren Gedanken fassen konnte, waren ein Mann und eine Frau aus dem Wohnzimmer gestürzt. Es war alles so schnell gegangen, dass er nicht mehr reagieren konnte. Eine oder zwei Schrecksekunden hatten ihn die beiden angestarrt, dann waren sie aus der Wohnung gerannt. In Rajivs Hirn überschlugen sich die Gedanken, aber zwei Erkenntnisse überstrahlten alles: Erstens, der sauber ausgearbeitete Plan war mit einem Schlag in sich zusammengebrochen. Dieser Mann und diese Frau hatten ihn gesehen. Damit war die Geschichte von Brunners angeblicher Wahnsinnstat nicht mehr aufrecht zu erhalten. Diese beiden Zeugen würden aussagen, dass da ein weiterer Mann gewesen war, und dann würden die Ermittlungen beginnen. Man würde Fragen stellen. Man würde nach dem wahren Motiv für den Mord an Durand suchen und das durfte Rajiv auf keinen Fall zulassen.

Und zweitens: In wenigen Augenblicken würde es hier von Gardisten, vatikanischer Polizei und weiteren Zeugen nur so wimmeln, es musste sofort etwas passieren. Er blickte zu Brunner, der ein Funkgerät in der Hand hielt und dem wahrscheinlich gar nicht klar war, dass diese unerwartete Wendung der Geschehnisse sein Leben gerettet hatte. Zumindest vorerst, später würde Rajiv dann weitersehen; jetzt galt es zu improvisieren und Schadensbegrenzung zu betreiben. »Wer war das?«, brüllte er Brunner an. Dieser antwortete schnell und effizient. Ihm war offenbar klar, dass es um Sekunden ging. »Ein Bewohner des Vatikan, hat hier kein Amt. Die Frau kenn ich nicht. Ich hab Anweisung gegeben, die beiden festzunehmen.«

Rajiv überlegte schnell. »Gut. Leiten Sie alles Weitere in die Wege. Vor allem darf niemand außer Ihnen mit den beiden sprechen, verstanden?«

Brunner nickte.

»Und jetzt raus hier. Ich werde mich fürs Erste in Ihrer Wohnung aufhalten, bis die Lage wieder geklärt ist.«

Wieder nickte Brunner. Seine Kehle war trocken.

Das Ganze war ein Albtraum und es wurde mit jeder Sekunde schlimmer.

XVIII

Noch immer hielt Cavelli Beatrice am Arm fest und zog sie mit sich. Er rannte mit ihr über den Kasernenhof, zu der Tür, durch die sie von der Porta Sant'Anna gekommen waren. Doch kurz davor blieb er abrupt stehen.

»Was ist los?«, schrie Beatrice. »Weiter!«

Irgendetwas in Cavelli hatte ihn gewarnt. Es hatte ein Attentat auf den Kommandanten der Schweizer Garde gegeben. War es ein Terroranschlag? Eine großangelegte Verschwörung? Die Situation war zu unübersichtlich. Was mochte sich auf der anderen Seite der Tür ein paar Meter neben der Hauptzufahrt zum Vatikan in diesem Moment abspielen? Cavelli traf eine Entscheidung. »Hier lang!« Beatrice hinter sich herziehend, machte er kehrt, rannte quer über den Hof, betrat das gegenüberliegende zweite Kasernengebäude, verließ es durch den Hintereingang und wiederholte das Manöver mit dem dritten Kasernengebäude. Nun befanden sie sich an der linken Seitenmauer der Vatikanbank. Cavelli blickte um sich. Noch immer war niemand zu sehen.

XIX

Gardist Monthey zuckte innerlich zusammen; es war das erste Mal, dass sich das Funkgerät während einer seiner Wachen meldete. »Code 21«, hörte er. Und dann: »Dies ist keine Übung.« Im Gegensatz zu manch altgedientem Gardisten wusste er sofort, was »Code 21« bedeutete. Die neue Rekruten hatten die Codes ja erst vor wenigen Wochen auswendig gelernt, während die erfahrenen Gardisten die gebräuchlichen Codes zwar im Schlaf beherrschten, aber bei den selten oder nie verwendeten einen Moment nachdenken mussten. *Verteidigungsmodus!*, blitzte es in Montheys Kopf auf. *Keiner darf rein oder raus.* Wirklich besorgt war er nicht. Irgendwie kam ihm das wie eine Szene aus einem Actionfilm vor. Es war fast ein bisschen aufregend. Doch das sollte sich schnell ändern.

Erst hörte er schnelle Schritte, dann sah er plötzlich zwei Personen auf sich zurennen. Ein Mann und eine Frau. Wie Terroristen sahen sie ganz und gar nicht aus, der Mann trug einen hellen Anzug und die Frau ein rot gemustertes Kleid. Aber was hatte das schon zu sagen?

Vielleicht war ja genau das der Trick, um sich Zutritt zu verschaffen. Die beiden hatten ihn noch nicht entdeckt, da es dort, wo er stand, ziemlich dunkel war, aber sie liefen genau in seine Richtung. Monthey erstarrte. Von einer Sekunde zur anderen befand er sich nicht mehr in einem harmlosen Routinewachdienst, sondern mitten in einem Terrorangriff. Sicher, bei seiner Vereidigung hatte er geschworen, notfalls auch sein Leben einzusetzen, und er hatte es in diesem Moment sogar ernst gemeint, ja, er hatte sich tief verbunden gefühlt mit den heldenhaften Gardisten, die 1527 auf dem Petersplatz ihr Leben gelassen hatten und für die, wie in jedem Jahr, an diesem Tag ein Kranz niedergelegt worden war, aber nun wurde ihm plötzlich klar, dass er tief in seinem Innern nicht damit gerechnet hatte, dass eine solche Situation tatsächlich jemals eintreten würde. Nun war es wie aus dem Nichts doch passiert und alles hing an ihm. Ein Gefühl der Hilflosigkeit erfasste ihn. Er war nur der Sohn eines Schweizer Bauern. Noch vor zwei Monaten hatte er von morgens bis abends auf dem Hof gearbeitet. Er war nicht bereit für das hier. Elias Monthey presste die Kiefer aufeinander. Er *musste* bereit sein, denn es war sonst niemand da, so einfach war das. Hektisch griff er nach der unter seiner Uniform verborgenen Glock 19 und zerrte sie hervor. Das heißt, er versuchte es, aber sie hakte irgendwo fest. Immer panischer versuchte er, das verdammte Ding herauszuziehen, aber es wollte ihm einfach nicht gelingen. Gleich würden der Mann und die

Frau ihn erreicht haben. Er musste handeln. Jetzt. Gardist Monthey ließ den Griff der Pistole los, machte einen Satz nach vorn und wirbelte die Hellebarde herum, so dass die Spitze auf die Brust des Mannes gerichtet war. Mit vier schnellen Schritten drängte er den Mann bis zur Außenmauer der Vatikanbank zurück und setzte ihm die Spitze an den Hals. »Keine Bewegung!«, schrie er so laut er konnte, wobei er sich hauptsächlich an die Frau wandte, die kreidebleich und wie erstarrt dastand.

Mit der linken Hand tastete Monthey nach dem Funkgerät und drückte auf einen der Knöpfe. Seine Antwort würde aus Sicherheitsgründen nur an den Absender des letzten Funkspruchs gehen. »Posten 3. Zwei Verdächtige festgenommen. Erbitte umgehend Verstärkung.«

XX

Vizekommandant Brunner verließ seine Wohnung und schloss die Tür. Der Gedanke, dass ihn der entstellte Mann bei seiner Rückkehr dort erwarten würde, ließ ihn schaudern, doch jetzt war nicht die Zeit, sich darüber Gedanken zu machen. Während er die Treppe hinunterhetzte, setzte sich in seinem Kopf ein Plan zusammen. Bruchstückhaft noch, nur die nächsten Minuten betreffend, doch genau die waren jetzt entscheidend. Alles weitere würde sich finden.

Von unten hörte er Lärm. Zwei Gardisten stürmten herein und die Treppe hinauf. Brunner sah, dass es nicht die Männer von der Porta Sant'Anna waren. Wahrscheinlich hatten sich die beiden gerade in einem der Kasernengebäude aufgehalten, als der Schuss fiel, und kamen, um zu helfen. Brunner ließ sie gar nicht zu Wort kommen. »Attentat auf Oberst Durand!«, rief er ihnen zu, ohne stehen zu bleiben. »In seiner Wohnung. Er ist tot. Wohnung von außen sichern. Bis auf Weiteres hat niemand Zutritt. Niemand! Verfolge Flüchtige.« Er atmete durch.

Diese beiden Gardisten hatte er geistesgegenwärtig dort platziert, wo sie ihm nicht in die Quere kommen konnten. Doch unten vor der Tür blieb er abrupt stehen. Ihm war soeben klar geworden, dass sein Plan einen schweren Fehler hatte. Don Cavelli war allgemein bekannt im Vatikan. Auch bei den Männern der Garde. Dass der ruhige Professor, der schon sein ganzes Leben hier verbracht und von dem es hieß, dass er sich bereits mehrfach in aufopferungsvoller Weise für den Vatikan eingesetzt hatte, urplötzlich zum Attentäter werden würde, war nicht besonders glaubhaft.

Brunner presste die Augenlider zusammen, um sich besser konzentrieren zu können. Dann hatte er eine Erleuchtung. Die dreißig neuen Rekruten, die erst seit einigen Wochen Dienst taten, kannten Cavelli noch nicht. Mit bebenden Fingern nestelte Brunner den Dienstplan aus der Jacke und starrte so angespannt auf das Papier, alles wolle er dessen Inhalt mit den Augen aufsaugen.

Dann griff er erneut zum Funkgerät.

XXI

Cavelli wusste, dass er sich auf keinen Fall bewegen durfte. Der Gardist, der ihm die Spitze seiner Hellebarde an die Kehle hielt, war ihm völlig unbekannt und atmete schwer. Sein Gesicht war dunkelrot angelaufen und schweißüberströmt. Der Mann war mit der Situation eindeutig überfordert.

»Mein Name ist Don Cavelli«, sagte er so ruhig wie möglich. »Ich wohne im Vatikan.« Noch während er es aussprach, wusste er, dass er einen riesigen Fehler gemacht hatte. »Ich wohne im Vatikan.« Für jemanden, der ihn nicht kannte, musste das klingen wie die schlechteste Lüge der Welt. Leute, die so gekleidet waren wie er, wohnten nicht im Vatikan.

»Mund halten!«, schrie ihn der Gardist an. Für Cavelli klang es beängstigend schrill. Er spürte, wie sich der Druck an seiner Kehle verstärkte. Möglicherweise machte der Gardist das nicht einmal absichtlich, aber während er hektisch zwischen ihm und Beatrice, die inzwischen auf Befehl des Gardisten mit über dem Kopf gefalteten Händen auf dem harten Pflaster kniete, hin und her blickte, schien er mit jeder Sekunde mehr die Nerven zu verlieren. Cavelli beschloss, zu schweigen und zu kooperieren. Vorerst. Jeden Moment würden andere Gardisten kommen, welche, die ihn kannten und dann würde alles gut werden.

Er sah zu Beatrice hinüber, der stumm die Tränen übers Gesicht liefen, und lächelte schief. Sie lächelte tapfer zurück.

Mehrere Minuten lang sagte niemand etwas. Durch irgendein offenes Fenster der Vatikanbank war das Rattern eines Druckers zu hören. Normalität. In greifbarer Nähe und doch unendlich weit entfernt. Dann tauchten plötzlich sechs weitere Gardisten auf, welche ihn und Beatrice umstellten. Cavelli atmete erleichtert auf, nun würde dieser Albtraum gleich vorbei sein, doch dann bemerkte er etwas Erschreckendes: Er kannte keinen einzigen von ihnen.

Als Nächstes erschien plötzlich ein weißer Lieferwagen auf der Bildfläche und stoppte mit quietschenden Reifen. Cavelli schluckte, auch den Gardisten am Steuer kannte er nicht. Konnte das noch Zufall sein? Dann stieg der Beifahrer aus. Vizekommandant Brunner. Mit schnellen Schritten kam er auf sie zugelaufen. »Allergrößte Vorsicht!«, brüllte er. »Die beiden sind gefährliche Attentäter! Sie haben Kommandant Durand ermordet!« Cavelli sah, dass einige der Gardisten sichtlich erschrocken reagierten. Brunner trat an ihn heran und tastete ihn nach Waffen ab, wobei er es vermied, Cavelli in die Augen zu sehen. Dann musste Beatrice die gleiche Prozedur über sich ergehen lassen. In Cavellis Kopf überschlugen sich die Gedanken. Warum tat Brunner das? Er wusste, dass er keine Waffen finden würde; er selbst hatte auf Oberst Durand geschossen; er und Beatrice hatten es mit eigenen Augen gesehen. Offenbar war Brunner fest entschlossen, sie beide als Sündenbock zu gebrauchen. Für einen Augenblick brannte es ihm auf der Zunge, dies den Gardisten zuzurufen, dann wurde ihm klar, dass das nicht nur sinnlos wäre, sondern ihm und Beatrice nur schaden würde. Der Vizekommandant als Attentäter, beschuldigt von einem Mann, den hier niemand kannte. Das klang sogar noch lächerlicher als seine Behauptung, im Vatikan zu wohnen. Es würde ihn nur noch unglaubwürdiger machen. Er blickte zu Beatrice hinüber, die ihn fest ansah. Zu seiner Erleichterung versuchte sie nicht, etwas zu sagen, offenbar hatte sie die Situation ebenfalls durchschaut.

Er sah zu dem Lieferwagen hinüber. Irgendwie hatte er das Gefühl, dass dessen Anwesenheit nichts Gutes bedeutete. Seine Befürchtung sollte sich sofort bestätigen. »Einsteigen!«, befahl Brunner. Er versetzte Cavelli einen Stoß gegen die Schulter. Cavelli überlegte. Die Wege im Vatikan waren kurz. Zur hinteren Kaserne der Schweizer Garde waren es nur ein paar Meter. Wozu also der Wagen? Ganz offensichtlich ging es hier nicht darum, Zeit zu sparen, sondern darum, dass möglichst wenige Menschen Cavelli und Beatrice zu Gesicht bekamen. Wenn sie erstmal in dem Lieferwagen saßen, würde alles zu spät sein. In seiner Verzweiflung kam ihm ein Gedanke: Joseph Mattlin. Der erste Sekretär des Heiligen Vaters. Cavellis bester Freund im Vatikan. Wenn *er* von der Sache erfuhr, würde sich das Blatt wenden. »Verständigen Sie Monsignore Mattlin!«, rief er in die Runde. »Er kennt mich. Er …« Cavelli spürte einen heftigen Schmerz im Nacken, er sackte auf die Knie, und ihm wurde schwarz vor Augen. Vizekommandant Brunner hatte ihm mit der Faust einen Hieb in den Nacken verpasst. Cavelli bekam undeutlich mit, dass Beatrice aufschrie und dass auch eine Art Stöhnen durch die Gardisten ging.

»Kein einziges Wort mehr!«, brüllte ihn Brunner an, während er ihn vom Boden hochriss und ihn so ruppig in den Lieferwagen stieß, dass Cavelli mit dem Kopf unsanft gegen die innere Wagenwand knallte und hart mit dem Knie aufschlug.

Einige Augenblicke später befanden sich auch Beatrice sowie die sieben Gardisten im hinteren Teil des Lieferwagens und die Schiebetür wurde krachend geschlossen. Vizekommandant Brunner hatte erneut auf dem Beifahrersitz Platz genommen.

Der Fahrer ließ den Motor an, dann sah er zu Brunner hinüber. Offensichtlich wartete er auf einen Befehl, der ihm das Ziel der Fahrt verraten würde. Doch Brunner saß mit gesenktem Kopf da und schwieg. So weit war er noch nicht. Der erste und wichtigste Teil, der Teil, der keinen Aufschub geduldet hatte, war erfolgreich erledigt: Verhaftung der beiden Zeugen. Doch nun stand er vor dem nächsten Problem: Wohin mit den Gefangenen? Im Vatikan wurde praktisch nie jemand verhaftet. Die Verbrechen, die hier stattfanden, bestanden zu fast hundert Prozent aus Taschendiebstählen auf dem Petersplatz und für die war die römische Polizei zuständig und anschließend römische Gerichte und Gefängnisse. Zwar gab es im Vatikanischen Justizgebäude, nahe der Audienzhalle, auch eine Gefängniszelle, doch die war inzwischen mangels Bedarf zur Abstellkammer umfunktioniert worden. Natürlich hätte man den Raum kurzfristig wieder in Betrieb nehmen können, doch wenn seine beiden Gefangenen erstmal im Justizpalast saßen, würde er keine Kontrolle mehr darüber haben, mit wem sie redeten, und das Ganze würde offiziell werden. Das musste unter er allen Umständen verhindern.

Dann tauchte plötzlich ein Gesicht vor seinem inneren Auge auf. Das Gesicht von Paolo Gabriele. Ein hartes Lächeln erschien auf seinem Gesicht. Paolo Gabriele war der Kammerdiener von Benedikt XVI. gewesen. Er hatte seine Vertrauensstellung dazu ausgenutzt, um über Monate vertrauliche Dokumente von dessen Schreibtisch zu entwenden, sie zu kopieren und an den Journalisten Gianluigi Nuzzi weiterzureichen, der viele davon in einem Buch veröffentlichte, um angebliche Skandale aufzudecken. Das Ganze war als Vatileaks-Affäre durch die Weltpresse gegangen. Schließlich war Gabriele aufgeflogen, verhaftet und im Vatikan festgesetzt worden. Eine Weile hatte er an dem Ort gesessen, der Brunner in dieser Situation als geradezu ideal erschien. Er wandte sich zum Fahrer. »Glaubenskongregation«, sagte er leise. »Durch die Gärten.« Noch immer befand er es für klüger, nicht den kürzeren und auffälligeren Weg zu nehmen. Dass diese Fahrt an der Porta Sant'Anna und erneut am Petrianustor von Gardisten registriert werden würde, konnte er jetzt nicht gebrauchen.

Zwei Minuten später hielt der Lieferwagen vor dem Seiteneingang der Glaubenskongregation. Brunner wies den Fahrer an, so dicht wie möglich heranzufahren und darauf zu achten, dass der Wagen die Tür verdecken und sie alle vor neugierigen Blicken beschützen würde. Dann sandte er vier Gardisten hinein, die etwaige zufällig dort anwesende Personen zu ihrer »eigenen Sicherheit« in den ersten Stock schicken sollten. Es war sehr unwahrscheinlich, denn die Dienstzeit für heute war seit Stunden vorbei, aber man konnte ja nie wissen, ob man auf Putzpersonal oder Mitarbeiter, die Überstunden machten, traf.

Nach vier weiteren Minuten meldeten sie Vollzug. Jetzt war der Weg frei. Die Schiebetür des Wagens wurde geöffnet und Cavelli und Beatrice, umgeben von einem Pulk Gardisten, wurden in das Gebäude geführt. Brunner öffnete eine schmale Holztür in der Nähe der Pförtnerloge und über vier schmale Steintreppen wurden die beiden Gefangenen immer weiter nach unten geführt. Hier befand sich uraltes Gemäuer und die Luft war stickig.

Schließlich gelangte man an das Ende eines langen Ganges. Brunner zog den Riegel einer niedrigen, mit Eisen beschlagenen Holztür zurück. »Da rein!« Er sah drohend zu Cavelli und Beatrice. Sie gehorchten und betraten den fensterlosen Kellerraum, in den nur durch eine vergitterte Öffnung in der Decke etwas Licht aus dem Gang darüber fiel. Erleichtert schlug Brunner die Tür zu und schob den Riegel vor. Dann wandte er sich an die Gardisten, denen ihre Verwirrung ins Gesicht geschrieben stand. »Ich muss wohl nicht extra erwähnen, dass diese Aktion höchst vertraulich zu behandeln ist. Wir wissen nicht, wie viele Komplizen diese Leute haben. Ihr Aufenthaltsort und auch sonst alles, was mit ihnen zu tun hat, muss bis auf weiteres geheim bleiben, verstanden?«

Alle Gardisten nickten, sie waren sich des Ernstes der Situation voll bewusst.

Langsam stiegen sie die Stufen nach oben. Es war eine mehr als heikle Situation gewesen, aber er hatte blitzschnell reagiert und war damit fertig geworden. Die Wahl des Ortes, an dem seine Gefangenen nun untergebracht waren, ohne dass jemand von ihnen wusste, war das Meisterstück.

Die Zelle mochte uralt und äußerst unkomfortabel sein, aber sie würde immer noch genau so gute Dienste leisten wie Jahrhunderte zuvor, als die Glaubenskongregation noch Heilige Römische Inquisition hieß und die gefürchteten Verliese in ihrem Keller mit Ketzern gefüllt waren.

XXII

Die Transportmaschine vom Typ Alenia C-27J setzte hart auf der Landebahn auf. Concepción nahm die Ohrenschützer ab und erhob sich von der unkomfortablen Bank in dem gigantischen, leeren Frachtraum. Fasziniert sah sie zu, wie sich die riesige Ladeluke im Heck der Maschine langsam öffnete.

Der elfstündige Flug vom bolivianische Sucre nach Rom war eine Tortur gewesen und sie hatte das Gefühl, jeden Knochen in ihrem Körper zu spüren. Müde fühlte sie sich dennoch nicht, ja, sie war geradezu aufgekratzt. Es war erst der dritte Flug in ihrem Leben gewesen und jedes Mal hatte es ein ganz besonderes Gefühl in ihr ausgelöst. Viele Menschen hatten Flugangst, sie nicht. Im Gegenteil. Sie war im Himmel – seelisch und körperlich. Die Wolken unter ihr und das Wissen, Gott so nah wie sonst nie zu sein, gaben ihr ein Gefühl der Geborgenheit. Etwas ähnliches hatte sie nur einmal gespürt. Als Kind hatten sie die Eltern ihrer besten Freundin auf eine Reise zum Salar de Uyuni mitgenommen, einem vor Jahrtausenden ausgetrockneten Salzsee in Zentralbolivien und mit zehntausend Quadratkilometern die größte Salzpfanne des Planeten. Nach Regenfällen verwandelte sie sich in einen Spiegel und man hatte den Eindruck, direkt im Himmel zu stehen. Dem Himmel auf Erden. Nie zuvor im Leben war sie so glücklich gewesen.

Und nun war sie in Rom. Nach einer Übernachtung in einem einer Krankenschwesternschule angeschlossenen Wohnheim der Töchter Marias würde man sie morgen früh nach Siena fahren und sie würde Tochter Maria persönlich begegnen.

Sie verließ das Flugzeug und begab sich in den Zollbereich des Flughafens, wo ihr Pass von einem gelangweilten Beamten lustlos und mehr als oberflächlich geprüft wurde. In der Ankunftshalle wartete bereits der Fahrer auf sie, ein junger Mann mit einem Pappschild, auf dem ihr Name stand: Concepción Ibañez.

XXIII

Beatrice sah sich in der dunklen Zelle um. Sie war offenbar Jahrhunderte alt, schien aber trotz des modrigen Geruchs, der in der Luft hing, erstaunlich sauber zu sein. Bis auf einen winzigen Tisch, einen Hocker und ein Feldbett war sie leer. Beklommen hielt Beatrice nach Ratten Ausschau, aber falls es hier welche gab, ließen sie sich noch nicht blicken. Cavelli hatte an der schweren Holztür gestanden und gewartet, bis draußen die Schritte verklungen waren. Nun rüttelte er mit aller Kraft an der Tür, aber sie gab keinen Millimeter nach. Für einen Augenblick erwog er, sich dagegen zu werfen, aber dann wurde ihm klar, dass sie nach innen aufging, um genau solche Aktionen zu verhindern. Er versetzte der Tür einen frustrierten Fußtritt und wandte sich zu Beatrice. Sie war immer noch blass, wirkte ansonsten aber bewunderungswürdig gefasst. »Was geht hier vor, Don?«, fragte sie mit leiser Stimme.

Cavelli wusste nicht, was er antworten sollte. Seit dem Schuss auf Oberst Durand war sein Gehirn nur im

Selbsterhaltungsmodus gelaufen, er hatte keine Zeit gehabt, darüber nachzudenken. Doch nun sah er plötzlich wieder alles genau vor sich. Das plötzliche Auftauchen Brunners. Die Waffe. Die Todsangst in Oberst Durands Augen. Cavelli wusste, dass er diesen Blick nie wieder vergessen können würde. »Der Mann, der geschossen hat, war Jean Brunner«, sagte er schließlich. »Der Vizekommandant der Schweizer Garde. Bisher kannte ich ihn nur als höflich und korrekt, ich verstehe nicht, was in den Mann gefahren ist. Aber was auch immer es war, er hat nicht damit gerechnet, dass wir beide auch da sein würden, und nun versucht er, uns das Ganze anzuhängen, fürchte ich.«

»Aber damit kommt er doch niemals durch, Don!«, rief Beatrice mit etwas zu schriller Stimme. »Jeder kennt dich hier. Keiner würde glauben, dass du …«

Cavelli schüttelte den Kopf. »Die Gardisten, die uns hergebracht haben – das müssen alles Neulinge sein. Ich kenne keinen von denen.« Erst während er weitersprach, wurde ihm das volle Ausmaß ihrer Schwierigkeiten bewusst. »Die Fahrt in dem Lieferwagen, das Halten direkt vor dem Eingang, das leere Foyer oben und diese Zelle –« Er zögerte, bevor er es aussprach. »Niemand weiß, dass wir hier sind.«

Beatrice schwieg betroffen. Dann blitzte eine Erkenntnis in ihr auf. »Der andere Mann in Oberst Durands Wohnung. Der mit dem entstellten Gesicht, der hat uns gesehen.«

Cavelli schüttelte den Kopf. »Der ist mir auch unbekannt. Er ist kein Mitarbeiter des Vatikan. Wahrscheinlich gehört er irgendwie zu Brunner.«

Beatrices Gesicht verriet Fassungslosigkeit. »Das heißt, dieser Brunner kann sich jetzt in aller Ruhe eine Geschichte ausdenken, mit der er uns als die Attentäter hinstellt?«

Cavelli antwortete widerstrebend, er hasste es, Beatrice noch mehr zu beunruhigen: »Ja, aber das ist noch nicht alles. Er kann nicht riskieren, dass wir von der Polizei verhört oder vor ein Gericht gestellt werden, denn da würde ja unsere Vision bekannt werden.«

»Du meinst …?«

»Ja, er muss uns … verschwinden lassen. Für immer.«

Beatrice ließ sich auf das Feldbett nieder und vergrub das Gesicht in den Händen. »Was machen wir jetzt, Don?«

Cavelli schwieg. Er musste an ein Ereignis denken, das er damals in der Presse genau verfolgt hatte.

Die Estermann-Affäre.

Der Gardekommandant, der von dem Gardisten Cédric Tornay erschossen worden war. In einem Anfall plötzlichen Wahnsinns. Weil er einen ziemlich unwichtigen Orden nicht erhalten hatte. Anschließend hatte Tournay sich mit seiner Dienstwaffe selbst gerichtet. Das war zumindest die offizielle Version gewesen. Der Vatikan hatte damals sehr schnell eine entsprechende Pressemitteilung rausgegeben. Doch nach und nach waren eine

Reihe von Ungereimtheiten aufgetaucht. Das Kaliber des Projektils, das Tornays Kopf zerschmettert hatte, passte nicht zu dem seiner Waffe und auch der Schusswinkel sprach gegen Selbstmord. Bei einem angeblich von ihm verfassten Abschiedsbrief an seine Mutter stand auf dem Umschlag der Nachname ihres früheren Mannes, den sie schon vor Jahren abgelegt hatte. Der Brief selbst wimmelte nur so von Merkwürdigkeiten, obwohl auf Deutsch geschrieben, war klar ersichtlich, dass er von einem Italiener verfasst worden sein musste. Tornay hatte auch nicht sein persönliches Briefpapier verwendet, sondern eine Papiersorte, die weder im vatikanischen Supermarkt noch in irgendeinem Schreibwarenladen von Rom erhältlich war, die aber in großen Mengen an das Vatikanische Staatssekretariat geliefert wurde. Auch an der Unterschrift Tornays schien manipuliert worden zu sein. Als Tornays Mutter, die von der Unschuld ihres Sohnes überzeugt war, auf eigene Faust Nachforschungen anstellte, hatte ihr der Vatikan die Akteneinsicht verweigert und ihre Briefe an den Heiligen Vater blieben unbeantwortet. Das Ganze war von vorne bis hinten dubios, die offizielle Version des Tathergangs hielt einer Überprüfung an keiner Stelle stand und doch war der Fall Tornay endgültig zu den Akten gelegt worden.

Letztlich musste das aber alles nichts heißen, sagte sich Cavelli. Schließlich war es geradezu Tradition, dass der Vatikan überaus ungeschickt mit der Presse umging und oft im Grunde harmlose Informationen zurückhielt, von denen man befürchtete, dass sie auch nur entfernt ein schlechtes Licht auf den Vatikan werfen könnten und dass man so, statt Schaden zu vermeiden, ihn stattdessen noch vergrößerte oder gar erst heraufbeschwor. Dieses gut gemeinte, aber letztlich dilettantische Vorgehen hatte bereits 1978 dazu geführt, dass der natürliche Tod des schwer herzkranken Johannes Paul I. von den Medien zu einer Mordgeschichte aufgeblasen werden konnte, die sich in der uninformierten Öffentlichkeit bis heute gehalten hatte. Falls sich jedoch hinter der Estermann-Affäre tatsächlich etwas ganz anderes verbarg, dann hatten sehr mächtige Männer dahintergesteckt. Die ganze Sache war nun über zwanzig Jahre her, doch im Vatikan war es durchaus möglich, dass sie auch im hohen Alter noch immer an den Schaltstellen der Macht saßen. Möglicherweise, ja höchstwahrscheinlich inzwischen in noch höheren Positionen als damals. War dies eine Fortsetzung der Tornay-Affäre, eine Art zweiter Akt? In diesem Fall standen Cavellis und Beatrices Chancen, die Sache zu überleben, verdammt schlecht. Man würde irgendeine Geschichte erfinden und sich einen Dreck darum scheren, ob sie glaubhaft war. Bei Tornay hatte man von einem »Anfall plötzlichen Wahnsinns« gesprochen und war damit durchgekommen. Ein genauso schlechtes oder vielleicht sogar ein etwas besseres Mordmotiv würde sich auch leicht für Cavelli und Beatrice finden lassen. Höchstwahrscheinlich dachte in diesem Moment schon irgendjemand darüber nach und spätestens, wenn diese Person einen Plan ausgearbeitet hatte, der nicht nur das Mordmotiv erklärte, sondern auch, wie Cavelli und Beatrice zu Tode gekommen waren, würde sich diese Tür wieder öffnen

und …

Cavelli schob den Gedanken beiseite. »Wir müssen hier raus«, erklärte er entschlossener, als ihm zumute war.

Beatrice sah ihn mit einer Mischung aus Angst und Hoffnung an. »Und wie?«

Cavelli zeigte auf einen bestimmten Punkt in der Zelle.

»Vielleicht so?«

XXIV

»Der Wagen bleibt hier. Sie begeben sich zurück in die Quartiere«, wies Vizekommandant Brunner die sieben Gardisten in dem Lieferwagen in knappem Ton an, nachdem dieser auf dem Hof der Garde gehalten hatte. »Höchste Bereitschaft!«

Er stieg aus und betrat erneut das Kasernengebäude. Im Treppenhaus blieb er stehen und dachte nach. Er durfte jetzt keinen Fehler machen, kein Detail übersehen, dies waren die entscheidenden Minuten, hier und jetzt wurde der Grundstein für die Geschichte gelegt, die der Öffentlichkeit später für alle Zeit als die Wahrheit präsentiert werden würde. Sollte er den Code 21 aufheben? Das würde Ruhe in die Sache bringen, schon jetzt würde es an den Zugängen des Vatikan einigen Ärger geben, weil niemand raus oder rein durfte, und das erzeugte Aufmerksamkeit. Aufmerksamkeit, die nicht gut war. Andererseits verschaffte ihm Code 21 Zeit. Wenn er ihn aufhob, würde unweigerlich sehr schnell die Frage nach dem Verbleib des Attentäters im Raum stehen. Die

Vatikanische Polizei würde sich des verhafteten Paares annehmen und dann würden die beiden reden.

Brunner biss die Zähne zusammen, dass es wehtat. Nein, es half nichts, der Ausnahmezustand musste so lange weiter bestehen, bis er die Situation hundertprozentig im Griff hatte. Er dachte an den schrecklichen Mann in dem Plastikoverall, der in diesem Moment in seiner Wohnung auf ihn wartete. Brunner wusste, dass er nichts unternehmen durfte, was dessen Interessen zuwiderlief. Er atmete tief durch und stieg die Treppe hoch. Im ersten Stock blieb er vor seiner eigenen Wohnung stehen und lauschte. Von drinnen war kein Laut zu hören. Für einen kurzen Augenblick ergriff ihn die Hoffnung, dass der Mann verschwunden sei, doch das war natürlich nur eine Illusion. Eilig stieg er die Treppe zu Oberst Durands Wohnung rauf. Die zwei Gardisten, die ihm einige Minuten zuvor im Treppenhaus begegnet waren, hatten, wie von ihm befohlen, vor der Tür Posten bezogen. Bei Brunners Erscheinen salutierten sie.

»Hat inzwischen jemand die Wohnung betreten?«, bellte er die beiden an.

»Nein, Herr Oberstleutnant«, antworteten sie sofort und wie aus einem Mund.

»Gut. Auch weiterhin hat niemand Zugang!«. Brunner atmete tief durch, zog die nur angelehnte Tür auf und betrat die Wohnung. Er verspürte den Drang, die Tür hinter sich zu schließen, doch das wäre verdächtig gewesen. Schließlich hatte er nichts zu verbergen. Langsam durchquerte er den Flur und betrat das Wohnzimmer. Hier herrschte völlige Stille, die durch das Ticken einer antiken Uhr auf einer Kommode nur noch verstärkt wurde. Es wirkte so seltsam friedlich. Einige Sekunden lang schloss er die Augen. Er wollte an nichts mehr denken und einfach nur diesen Frieden genießen. Doch die Stille schien die unerwünschten Gedanken erst recht hervorzurufen. Was hatte er getan? Er hatte seinen Kommandanten erschossen. Ein Mann, der ihn immer fair und anständig behandelt und ihn geradezu gefördert hatte. Und dann waren da noch zwei weitere unschuldige Menschen, die nun in einer Gefängniszelle saßen. Brunner schnappte nach Luft. Hatte wirklich *er* all das getan? Er konnte es selbst kaum glauben. Es war, als hätte irgendein teuflischer Marionettenspieler die Macht über ihn ergriffen und ihn Dinge tun lassen, die er zutiefst verabscheute und verachtete. Das war nicht er. Er musste etwas tun, die Dinge wieder zurechtrücken, er musste … Dann kam ihm das zu Bewusstsein, was er die ganze Zeit über angstvoll verdrängt hatte. Chiara! Um ihr Leben ging es und das war das Einzige, was zählte. Immerhin hatten diese Leute sie nicht entführt, ja, sie selbst wusste nicht einmal etwas von der Gefahr, in der sie schwebte. Und wenn er alles tat, was man von ihm verlangte, musste sie es auch niemals erfahren. Er öffnete die Augen und zwang sich, auf Durands Leiche zu blicken. Ihm wurde übel, er musste kämpfen, um sich nicht zu übergeben. Er blickte auf die ausgeworfene Patronenhülse auf dem Teppich und überlegte, ob er sie einstecken sollte. Er verwarf die Idee. Aufmerksam sah er sich im Zimmer um. Neben dem Sessel stand immer noch die Handtasche der Frau. Beinahe mechanisch nahm er sie an sich. Dann verließ er die Wohnung und schloss die Tür.

XXV

Rajiv saß bewegungslos in einem Sessel und blickte zur Zimmerdecke. Aus der Wohnung über sich hatte er Schritte gehört. Das alte Gebäude war äußerst hellhörig, Grund genug für ihn, jetzt keinerlei Geräusche zu verursachen. Offiziell befand sich zurzeit niemand in Brunners Wohnung und diesen Anschein wollte er auf keinen Fall zerstören.

Er hatte inzwischen darüber nachgedacht, ob nun der Zeitpunkt gekommen war, Brunner zu töten, und sich dagegen entschieden. Es eilte nicht. Diese beiden Gäste von Durand hatten ihn bei ihrer Flucht gesehen. Mit dem Tod von Brunner wäre nichts gewonnen gewesen. Als derzeitiger Chef der Schweizer Garde war er im Moment noch lebend von größerem Nutzen. Später musste die Situation dann neu bewertet werden.

Geräusche an der Wohnungstür rissen ihn aus seinen Gedanken und im nächsten Moment betrat Brunner das Zimmer. Rajiv registrierte, dass dessen Stirn schweißnass war, er sich aber ansonsten im Griff zu haben schien. Rajiv schnippte nervös mit den Fingern. »Bericht!«

Es dauerte etwa drei Minuten, bis Brunner ihn auf den neuesten Stand gebracht, den Inhalt von Beatrices Handtasche ausgewertet und alle seine Fragen beantwortet hatte. Rajiv lehnte sich zurück und dachte nach. *Es muss simpel sein, bloß nichts Kompliziertes.* Ziemlich schnell entstand ein Bild vor seinem inneren Auge.

»Es lief so ab«, verkündete er schließlich. »Diese Signora Kingsley war die Geliebte von Signor Cavelli. Äußerst glaubwürdig, sie waren Kollegen an der Universität. Aber Signora Kingsley war auch die Geliebte von Oberst Durand. Als Cavelli das herausfand, drehte er durch. Er stellte die beiden in Durands Wohnung zur Rede und die Situation eskalierte.« Rajiv blickte zu Brunner, um zu überprüfen, ob er geistig mitkam. »Doch dann erschienen Sie zufällig auf der Bildfläche, am besten, Sie sagen, dass die Tür von Durands Wohnung offen gestanden hat; das wäre gut möglich, wenn dieser Cavelli sie in der Aufregung nicht geschlossen hätte. Sie hörten, was vorging, merkten, dass der Oberst von Cavelli angegriffen wurde, und versuchten zu helfen. Während des folgenden Handgemenges gelang es Cavelli, Ihnen Ihre Dienstwaffe zu entreißen und den Oberst zu erschießen. Dann ergriff er die Flucht, wobei er seine Geliebte zwang, mit ihm zu kommen. Dank Ihrer vorbildlichen Geistesgegenwart konnte der Mann bereits nach wenigen Minuten festgenommen werden.«

Brunner verzog zweifelnd das Gesicht. »Don Cavelli als wahnsinniger Eifersüchtiger? Das kommt mir nicht sehr glaubhaft vor.«

»Ihnen vielleicht nicht«, erwiderte Rajiv unwirsch. »Aber die Presse wird die Story lieben und keiner kann das Gegenteil beweisen, es gibt ja nur Ihre Aussage.«

»Und was wird mit den beiden?«, fragte Brunner vorsichtig. Er fürchtete sich vor der Antwort.

Rajiv seufzte. »Leider hat man die beiden in Verkennung der genauen Situation und in der Hektik gemeinsam in eine Zelle gesperrt. Der tobsüchtige Cavelli nutzte die Gelegenheit, seine ungetreue Geliebte zu erdrosseln. Dann – als ihm zu Bewusstsein kam, was er getan hatte – geriet er in Verzweiflung und erhängte sich in der Zelle mit seinem Gürtel. Eine klare, absolut saubere Geschichte, die auch nicht im geringsten Widerspruch zu dem steht, was Ihre Gardisten mitbekommen haben.«

Brunner war totenblass geworden und starrte ihn mit zitternden Lippen an.

»Wenn beide tot sind«, fuhr Rajiv ungerührt fort, »legen Sie die Hände des Mannes um die Kehle der Frau und drücken zu, damit bei beiden entsprechende DNS-Spuren zu finden sind. Und zum Abschluss verpassen Sie ihm mit den Fingernägeln der Frau noch ein paar Kratzspuren an den Händen und im Gesicht. Aber bitte nicht zu viele; weniger ist da mehr, es soll ja kein Horrorfilm werden. Ach, und vergessen Sie nicht, noch Cavellis

Fingerabdrücke an Ihrer Waffe anzubringen«, ergänzte Rajiv nüchtern.

Brunner war auf die Knie gesunken, Tränen liefen ihm übers Gesicht. »Bitte, ich kann das nicht. Durand erschießen, gut, ich hab's gemacht, aber eine Frau erdrosseln, das kann ich nicht, ich kann es einfach nicht. Machen *Sie* es bitte. Ich flehe Sie an! Machen *Sie* es.«

Rajiv sah auf die erbärmlich winselnde Kreatur zu seinen Füßen. Er beugte sich hinunter und legte ihm beruhigend die Hand auf die Schulter.

»Natürlich, mein Freund. Natürlich.«

XXVI

Beatrice stand auf Cavellis Schultern und rüttelte an dem Gitter in der Zellendecke. Seit zehn Minuten hatte sie es an allen möglichen Stellen versucht und sich zum Schluss sogar mit ihrem ganzen Gewicht drangehängt; die uralten rostigen Stäbe hatten bereits ihre Handflächen wundgescheuert und braun gefärbt und jede Menge Eisenstaub war auf sie und Cavelli herabgerieselt, aber dennoch blieb das Gitter stabil und saß unerschütterlich im Mauerwerk fest. Schließlich gab sie auf und ließ sich an Cavelli entlang wieder zu Boden gleiten. Sie war so blass, dass er die Adern in ihrem Gesicht sehen konnte. Nun, wo sich die Hoffnung, auf die Beatrice so sehr gesetzt hatte, in nichts aufgelöst hatte, war es beinahe so, als sei mit der Hoffnung auch alle Kraft aus ihrem Körper gewichen. Sie schaffte es gerade noch, die paar Schritte zu dem Feldbett zu gehen, dann versagten ihr die Beine. Aus weit aufgerissenen Augen sah sie ihn an. »Wir sind tot, Don. Wir sind tot«, sagte sie mit einer Nüchternheit, die noch schlimmer klang, als wenn sie es geschrien hätte.

Cavelli wusste darauf nichts zu sagen. Er setzte sich neben sie und legte den Arm um ihre Schultern.

Zum zweiten Mal an diesem Abend hielt der weiße Lieferwagen vor dem Seiteneingang der Glaubenskongregation. Dieses Mal saß Brunner selbst am Steuer. Er stellte den Motor ab und zog unnötigerweise die Handbremse an. Warum er das tat, wusste er selbst nicht, vielleicht brauchte er das Gefühl, zumindest noch irgendetwas selbst kontrollieren zu können.

Rajiv sah unbeteiligt aus dem Wagenfenster, als ginge ihn das alles nichts an. »Heben Sie nun die Ausgangssperre auf.«

»Warum?«

»Weil ich es sage.«

Brunners Hände zitterten, als er auf den Sendeknopf des digitalen Funkgeräts drückte. Er musste sich anstrengen, um seine Stimme unter Kontrolle zu halten: »Code 21 ist aufgehoben. Ich wiederhole: Code 21 ist mit sofortiger Wirkung aufgehoben. Weitere Anweisungen folgen.« Er ließ den Knopf los und sah zu dem Mann auf dem Beifahrersitz. Rajiv nickte zufrieden. »Funkgerät ausschalten«, befahl er. Brunner gehorchte, dann griff er in die Jackentasche und schluckte eine Pille seines pflanzlichen Beruhigungsmittels. Die beiden Männer stiegen aus und betraten die Kongregation. Die Lobby war menschenleer.

Beatrice hörte die Schritte zuerst. »Sie kommen, Don«, flüsterte sie tonlos. Cavelli stand auf und sah zur Tür.

Einige Augenblicke später wurde eine kleine Klappe in der Tür geöffnet und zwei Augen tauchten auf. Ein kurzer prüfender Blick, dann wurde die Klappe geschlossen und krachend der Riegel zurückgezogen. Die Zellentür schwang auf und Brunner sowie ein weiterer Mann traten ein. Cavelli erkannte ihn sofort. Es war der Mann aus Oberst Durands Wohnung. Der Mann mit dem entstellten Gesicht. In der Aufregung hatte er es nicht bewusst registriert, aber nun, da er es erneut sah, erinnerte er sich: Der Mann trug einen Ganzkörperplastikoverall. Das verhieß absolut nichts Gutes. Cavelli spürte, wie sich sein Magen verkrampfte.

Die Glock 19 in Brunners Hand zitterte ganz leicht, als er sie auf Cavelli richtete. Notfalls würde er schießen müssen, auch wenn dann die Geschichte flachfiel, dass Cavelli sich erhängt hatte. In diesem Fall würde Brunner behaupten, dazugekommen zu sein – leider zu spät – als Cavelli Signora Kingsley erwürgte. Anschließend sei Cavelli auf ihn losgegangen und er habe sich verteidigen müssen.

Cavelli bemerkte, dass der Mann mit dem entstellten Gesicht sich aufmerksam in der Zelle umsah. Er schien etwas zu suchen und musterte die Mauern der Zellen. Dann hatte er es offenbar gefunden, denn er nickte befriedigt. Cavelli folgte seinem Blick und entdeckte einen in etwa zwei Meter Höhe in der Mauer eingelassenen Eisenring. Dann sah er, dass es nur einer von dreien war. Auch an den übrigen Wänden, außer an der mit der Tür, befand sich so ein Ring, wobei die anderen beiden in Hüfthöhe saßen und sehr viel kleiner waren. Ein Schauer lief Cavelli über den Rücken. Natürlich, hier unten waren die Zellen der Heiligen Inquisition. Cavelli verbot sich den Gedanken daran, wozu die Eisenringe in früheren Zeiten wohl gedient haben mochten.

»Handschellen!« Rajiv streckte die Hand zu Brunner aus. Der Vizekommandant griff in die Jackentasche und händigte ihm ein Exemplar aus. Rajiv trat zu dem großen Eisenring und führte die eine Hälfte der Handschellen hindurch, so dass sie nun an der kurzen Kette hingen, dann wandte er sich zu Beatrice. Er sagte nur ein Wort. »Los.«

Beatrice starrte entsetzt auf den Eisenring und rührte sich nicht.

»Ich zähle jetzt bis drei, Brunner«, sagte Rajiv in ruhigem Tonfall. »Wenn die Signora dann immer noch nicht kooperiert, erschießen Sie den Mann, verstanden?«

Brunner nickte. Er wollte etwas antworten, aber seine Kehle war trocken. Er hob die Pistole und zielte auf Cavellis Kopf.

»Eins …«

»Schon gut«. Mit vier schnellen Schritten hastete Beatrice zur Mauer und hob die Arme.

»Mit dem Gesicht zur Wand«, befahl Rajiv. In ohnmächtiger Wut musste Cavelli mitansehen, wie sie die Handschellen um ihre Handgelenke schloss. Rajiv trat hinter sie und überprüfte die Fesselung. Dann legte er Beatrice eine Hand in den Nacken und wies mit dem Kopf auf einen der beiden anderen Eisenringe. »Jetzt der Mann.«

Brunner unterdrückte eine aufkommende Übelkeit und steckte die Glock ein. Dann zog er ein weiteres Paar Handschellen aus der Tasche und näherte sich Cavelli.

»Warum tun Sie das?« Cavellis Tonfall verriet Verachtung.

Brunners Mund zuckte nervös. »Die bedrohen meine Tochter«, sagte er fast unhörbar. »Ich hab keine Wahl. Vergeben Sie mir.« Er ließ eine Handschelle an Cavellis rechtem Handgelenk zuschnappen.

Cavelli antworte ebenso leise. »Glauben Sie im Ernst, die lassen Ihre Tochter anschließend gehen?«

Brunners Kopf zuckte hoch. Panik flammte in seinen Augen auf. Mechanisch schloss er die andere Hälfte der Handschelle um den kleinen Eisenring in der Mauer. *Chiara!* Die ganze Zeit hatte er es geschafft, den Gedanken an sie zu unterdrücken und sich auf das zu konzentrieren, was man von ihm verlangte, einfach zu funktionieren, aber nun überwältigten ihn die inneren Bilder. Aufs Äußerste erregt drehte er sich zu Rajiv um. »Sie haben versprochen, meine Tochter gehen zu lassen, wenn ich alles tue, was Sie verlangen. Sie haben es *versprochen*!«

Rajiv nahm die Hand von Beatrices Nacken und kam auf Brunner zu. Seine Haltung war entspannt, er lächelte. »Und wir halten unser Versprechen.«

Für einen winzigen Moment war Rajiv verärgert gewesen. Er hatte zwar nicht mitbekommen können, was genau Brunner mit Cavelli geredet hatte, aber was immer es gewesen sein mochte, es hatte dazu geführt, dass Brunner plötzlich aufsässig oder zumindest misstrauisch wurde, doch es hatte ebenfalls dazu geführt, dass Rajiv soeben eine noch sehr viel sauberere Lösung für all das hier eingefallen war. Der Hauptteil des Plans blieb bestehen: Cavelli würde aus einer rasenden Eifersucht heraus erst seine untreue Geliebte, die ihn mit Oberst Durand betrogen hatte, erwürgen und sich darauf mit seinem Gürtel in der Zelle erhängen. Doch dazwischen würde er noch Vizekommandant Brunner töten. Brunner war einfach zu labil, als dass man sich darauf verlassen konnte, dass er auf Dauer schwieg. Im Grunde konnte Brunner froh sein: Er starb nicht, wie ursprünglich geplant, als Mörder von Durand, er musste sich auch nicht den Rest seines Lebens mit quälenden Gewissensbissen herumschlagen, sondern er starb als der Held, der den Wahnsinnigen gefasst und dabei sogar sein Leben gelassen hatte. Wahrscheinlich würde er sogar einen posthumen Orden erhalten. Was wollte der Mann denn *noch*?

Rajiv legte Brunner die Hand auf die Schulter und blickte ihm in die Augen. »Alles wird wieder gut, Signor Brunner.« Blitzschnell zuckte die Hand zu Brunners Gurgel, mit einem kräftigen Ruck schleuderte er dessen Kopf gegen die Mauer. Brunner stöhnte dumpf auf, hielt sich aber noch auf den Beinen. Rajiv nahm seinen Kopf nun in beide Hände und schlug ihn mit aller Kraft vier weitere Male gegen die steinerne Wand. Dann stürzte Brunner nieder. Rajiv setzte sich rittlings auf seine Brust und knallte seinen Kopf wieder und wieder auf den Boden. Brunner röchelte, aus seinem Mund quoll dunkles Blut und besudelte Rajivs Overall.

Noch fünf weitere Schläge, dann klappten Brunners Augen himmelwärts, es war vorbei.

Rajiv erhob sich mühsam und blickte auf sein Werk hinab. Er hörte schon, was man später sagen würde. »Den Kopf völlig zerschmettert! Dieser Cavelli muss komplett tobsüchtig gewesen sein! Gut, dass dieser Irre tot ist!«

Mit ungläubigem Schrecken hatte Cavelli das grausige Schauspiel mitangesehen. Nun sah er, wie der Mann in dem Plastikoverall auf Beatrice zuging. Er hörte, wie sie aufschrie, als sie ihn näherkommen sah. Mit panisch verzerrtem Gesicht versuchte sie sich so weit wie möglich zu ihm umzudrehen und nach ihm zu treten, doch er wich immer wieder geschickt aus. Wut und Verzweiflung durchströmten Cavelli. In wenigen Augenblicken würde Beatrice tot sein und es gab nichts, was er dagegen unternehmen konnte. Wild zerrte er an seiner Handschelle, aber die hing bombenfest an dem Eisenring fest. Er sah, wie der Mann in dem Overall links einen Vorstoß auf Beatrice antäuschte und wie er, als sie, wie zweifellos von ihm beabsichtigt, nach ihm trat, sie über rechts angriff. Seine Hände schlossen sich um ihren Hals. Cavelli blickte instinktiv nach unten. Im selben Moment durchzuckte ihn ein wahnwitziger Gedanke. Er ließ sich auf die Knie fallen, lehnte sich so weit er konnte vor und streckte seinen linken Arm zu Brunners Leiche aus. Seine Hand verschwand unter dessen Jacke. Cavelli spürte etwas Warmes, Klebriges an seinen Fingern, aber nicht das, was er suchte. Aus den Augenwinkeln sah er Beatrice immer noch um sich treten, aber die meisten Tritte schienen ins Leere zu gehen. Aus ihrer Kehle drangen inzwischen entsetzliche Laute. Ihr Gesicht war unnatürlich gerötet. Cavelli lehnte sich so weit vor, dass er das Gefühl hatte, sein rechter Arm würde jeden Moment abgerissen. Noch einen Zentimeter, noch einen, jetzt spürte er es. Der Griff der Pistole. Cavelli presste Daumen und Mittelfinger darauf, so fest er konnte, und zog. Für zwei Sekunden schien die Waffe im Halfter festzusitzen, dann gab sie nach. Einen Moment später umschlossen seine Finger den Griff. »Stopp, oder ich schieße!«, brüllte er so laut er konnte. Er deutete mit der Waffe grob in die Richtung des Angreifers, während er gleichzeitig versuchte, wieder auf ein Knie und ins Gleichgewicht zu kommen. Der Kopf des Mannes flog zu Cavelli herum.

Ein oder zwei Augenblicke starrten sich die beiden an.

Cavelli hob die Waffe, doch bevor er genau zielen konnte, hatte der Mann Beatrice losgelassen und war mit vier gewaltigen Sätzen aus der Zelle gestürmt. Gleich darauf waren schnelle Schritte im Gang und auf der Treppe zu hören.

Eine Tür fiel krachend zu.

Dann herrschte Stille. Nur Beatrices schauriges Keuchen war zu hören, aber immerhin atmete sie noch. Cavelli warf die Pistole weg, griff nach Brunners Bein und zog die Leiche zu sich heran. Dann durchsuchte er die Taschen, bis er den Schlüssel für die Handschellen gefunden hatte. Mit fliegenden Fingern befreite er sein Handgelenk und stürzte zu Beatrice. Dann schloss er auch ihre Handschellen auf und setzte sie behutsam auf das Feldbett. Ihr Gesicht war noch dunkelrot und sie rieb sich immer wieder mit der Hand über den Hals, aber zumindest schien sie wieder zu Atem zu kommen. Sie warf einen Blick zu Cavelli, der hilflos vor ihr stand und angstvoll jede ihrer Bewegungen verfolgte. Er schien sich mehr Sorgen um sie zu machen als sie selbst. Sie rang sich ein schiefes Lächeln ab. »Es geht schon.«

»Bist du sicher?«

»Ich glaub schon.«

»Dann lass uns hier verschwinden, solange es noch geht.«

»Und wohin?«

Cavelli half ihr hoch. »Vor allem raus aus dem Vatikan. Für die Schweizer Garde sind wir Durands Mörder. Und sobald man Brunner entdeckt, auch dessen Mörder.«

Eilig verließen sie die Zelle. Einem plötzlichen Impuls folgend, schloss Cavelli die Tür und schob den Riegel vor. »Das verschafft uns vielleicht etwas Zeit.«

Leise schlichen sie zur Treppe und lauschten. Im gesamten Gebäude schien Stille zu herrschen, trotzdem war es besser, vorsichtig zu sein. Sie brauchten mehrere Minuten, bis sie die vier Treppen zurückgelegt hatten und leise die alte Metalltür zum Foyer der Kongregation öffneten.

Die Tür zu der hölzernen Pförtnerloge war eingetreten und zahlreiche Schlüssel lagen vor der Ausgangstür, die direkt auf die Straße außerhalb des Vatikan führte. Ein Schlüssel steckte im Schloss. Cavelli drückte die schwere Klinke hinunter und lugte durch den Türspalt nach draußen. Kühle Abendluft schlug ihm entgegen. Abgesehen von vereinzelt vorbeifahrenden Autos war alles ruhig. Er zog die Tür auf und trat mit Beatrice auf die Straße. Cavelli musste nicht lange überlegen, links lag der Petersplatz, der nachts von der Römischen Polizei bewacht wurde, und geradeaus ging es zur Via della Conciliazione, Mussolinis Prachtstraße, auf der nachts ebenfalls Polizeistreifen standen, um die Sicherheit des Vatikan zu gewährleisten. Also wandte er sich nach rechts. Sie liefen vorbei am Casa Dono di Maria und bogen dann nach links ab. Cavelli atmete auf.

Sie hatten es geschafft, sie waren draußen.

XXVII

Der Monte Mario ist – auch wenn er nicht zu den sieben eigentlichen Hügeln gehört – die höchste Erhebung Roms. Hier verläuft der Meridian von Rom, vergleichbar mit dem Nullmeridian in Greenwich, der seit 1870 für knapp hundert Jahre eine wichtige Rolle in der italienischen Kartographie spielte. Auf dem Hügel befinden sich das astronomische Observatorium von Rom und die Villa Madama, die mit ihren prächtigen Parkanlagen vom italienischen Außenministerium für Staatsempfänge genutzt wird. International wesentlich bekannter ist jedoch ein anderes Bauwerk: Ein 1964 von Papst Paul VI. eröffneter und ausgesprochen hässlicher Gebäudekomplex mit dem Namen Gemelli-Klinik. Das gigantische Areal stellt gewissermaßen eine Stadt in der Stadt dar und verfügt nicht nur über eine eigene Kirche, eine Bank, ein Kongresszentrum, Forschungslaboratorien und einen Hubschrauberlandeplatz, sondern im obersten Stockwerk des Krankenhauses befindet sich überdies eine spezielle Zimmerflucht, die ausschließlich für den

Heiligen Vater reserviert ist. Sie enthält neben einem Krankenzimmer auch eine Kapelle, eine eigene Küche und zahlreiche Schlafzimmer für Ordensschwestern und Mitarbeiter des Papstes. Hier wurde Johannes Paul II. sofort nach dem Attentat von 1981 operiert und in den nächsten vierundzwanzig Jahren bis zu seinem Tod hielt er sich noch neun weitere Male für längere Zeit dort auf, so dass die Gemelli-Klinik von vielen schon, nur halb im Scherz, als zweiter Vatikan bezeichnet wurde. Das mag der Hauptgrund dafür sein, dass die Gemelli-Klinik im Vatikan für fast alle Mitarbeiter das Krankenhaus der Wahl ist, auch wenn andere Hospitäler viel näher gelegen sind. (Ein Umstand, der Johannes Paul II. angesichts seiner starken inneren Verletzungen beinahe das Leben gekostet hätte.)

Auch der Mann auf dem Operationstisch war aus dem Vatikan hergebracht worden. Seit dreieinhalb Stunden kämpften die Chirurgen im Operationssaal IV darum, ihn am Leben zu halten. Ein Kampf, dessen Aussichten nicht gut standen. Die Vitalzeichen des Mannes befanden sich im kritischen Bereich. Sein linker Lungenflügel war von einer Kugel durchdrungen worden und kollabiert. Aber das war nicht einmal das Hauptproblem. Viel gravierender war der starke Blutverlust.

Weitere vierzig Minuten zuvor hatten die beiden zur Wache abgestellten Gardisten seltsame Geräusche aus Oberst Durands Wohnung dringen hören. Umgehend hatten sie versucht, Vizekommandant Brunner anzufunken, doch der hatte sich nicht gemeldet. Die beiden Gardisten waren in diesem Moment über sich selbst hinausgewachsen. Entgegen Brunners Befehl, dass niemand Zutritt zur Wohnung haben dürfe, hatten sie die Tür eingetreten und Oberst Durand entsetzlich röchelnd auf dem Boden gefunden. Die beiden hatten eigenmächtig die Vatikanische Polizei verständigt und die hatte Durand in einem Höllentempo mit Blaulicht und Sirene in die Gemelli-Klinik transportiert.

Es war bereits zwei Uhr morgens, als die leitende Chirurgin Dottore Marta Giorgetti übermüdet aus dem OP kam und auf die beiden Vatikanischen Polizisten zutrat, die in den unbequemen Plastikstühlen im Wartbereich im Halbschlaf lagen und nun hochschreckten. »Signor Durand hat die Operation überstanden«, sagte sie. »Aber er ist noch nicht über den Berg, sein Körper ist sehr geschwächt. Wir haben ihn in ein künstliches Koma versetzt. Die kommenden Tage müssen erweisen, ob er genug Kraft hat, sich zu erholen.« Sie wollte sich schon abwenden, als sie noch etwas hinzufügte, das sie normalerweise selten sagte, aber in diesem Moment erschien es ihr absolut passend:

»Beten Sie für ihn.«

ZWEITES BUCH

XXVIII

Acht Stunden zuvor

Das fünfstöckige Gebäude im Herzen von Siena war ein reizloser Flachbau aus den sechziger Jahren. Nichts ließ darauf schließen, dass es sich um die Hauptzentrale einer weltumspannenden Organisation handelte.

Maria Concetto Crespo öffnete eine in der Wandtäfelung verborgene Tür ihres Büros und betrat das luxuriöse Privatbadezimmer mit dem bodenlangen Spiegel und begutachtete ihre äußere Erscheinung.

Es war alles perfekt. So konnte sie den nächsten Besucher empfangen. Eitelkeit war ihr fremd, es ging dabei um etwas anderes. Normalerweise war es so: Wenn ein Arzt oder ein Richter oder ein Polizist oder sonst jemand, der während seiner Tätigkeit eine Berufskleidung trug, Feierabend hatte, legte er diese ab und verbrachte seine Freizeit in seiner Privatkleidung. Die Existenz dieser Personen bestand nicht nur aus ihrem Beruf, ja, sie stand teilweise in einem Widerspruch dazu, wenn beispielsweise ein im Gericht bei Tage hochseriöser Staatsanwalt seine Nächte in Techno-Discos verbrachte.

Nur eine Person existierte, bei der es anders war: der Papst. Er trug seine Soutane immer, auch in der Freizeit, denn auch dann war er der Papst.

Maria Concetta Crespo hatte davon gelernt. Anfangs war es noch eine Rolle gewesen, die sie gespielt hatte, doch diese Zeiten waren seit Jahren vorbei. Sie war nun immer *Tochter Maria*. Zumindest äußerlich. Jeder kannte von zahllosen Gemälden und geschnitzten Holzfiguren, die nach einer Vision der Heiligen Beatriz da Silva im fünfzehnten Jahrhundert entstandene ikonische Darstellung der Jungfrau Maria mit schlichtem, bodenlangem, weißem Kleid, hellblauem Überwurf und einem weißen Tuch, welches das Haar bedeckte. Maria Concetta Crespo hatte für alle Töchter Marias weltweit ein Gewand entwerfen lassen, das stark an dieses Original erinnerte, aber praktischer zu tragen und alltagstauglich war. Auch sie selbst trug es immer, wenn auch nicht exakt das gleiche Modell wie alle anderen Töchter. So wie auch der Heilige Vater besaß sie Versionen für alle Jahreszeiten, warm im Winter und kühl im Sommer. Auch waren ihre Gewänder aus hochwertigeren Stoffen und überdies maßgefertigt. In der Öffentlichkeit gab sie sich stets als bescheidene Dienerin des Herrn, die keinerlei persönliche Interessen und kein Privatleben hatte, sondern vollständig in ihrer Mission, anderen Menschen zu helfen, aufging. Wie man das machte und wie man sich in der Öffentlichkeit äußerte, hatte sich Maria bei Anjezë Gonxhe Bojaxhiu abgeguckt, besser bekannt als Mutter Teresa, der weltberühmten indischen Ordensschwester, die für ihr Engagement für Arme, Kranke und Obdachlose in aller Welt mit dem Friedensnobelpreis ausgezeichnet, im Jahre 2003, nur sechs Jahre nach ihrem Tod, seliggesprochen und bereits 2016 heiliggesprochen worden war.

Dass Mutter Teresa auch noch eine ganz andere Seite hatte, dass in ihren Krankenhäusern oft katastrophale hygienische Bedingungen herrschten, die Schwestern medizinisch teilweise nicht ausreichend ausgebildet waren, dass Krankenwagen zum Transport der Schwestern genutzt wurden und man Notrufe an die öffentlichen Krankentransporte verwies, dass Mutter Teresa vielen Kranken, obwohl genug Geldmittel vorhanden gewesen wären, Schmerzmittel verweigerte, vorhandene hochwertige Matratzen durch minderwertige ersetzen und jeglichen Komfort aus ihren Krankenhäusern entfernen ließ, nicht genug Lebensmittel bereitstellte, weil Leid einen näher zu Gott brachte, dass ihr die Missionierung wichtiger war als die Pflege und dass – wie sie selbst einmal offen zugegeben hatte – das eigentliche Ziel ihrer gesamten Tätigkeit darin bestand, selbst heilig zu werden, war von der Kirche und den Medien unter den Teppich gekehrt worden. Niemand hatte ein Interesse daran, diese schöne Legende von der selbstlosen Aufopferung zu zerstören.

Maria Crespo hingegen hatte es gefallen, als sie davon erfuhr.

Wie Mutter Teresa gab sich Maria immer ein wenig weltfremd, aber anders als diese setzte sie auch ihre weibliche Schönheit ein.

Allerdings nicht offen, sondern auf subtilste Weise. Ihre raffiniert geschneiderten Gewänder brachten ihre Figur zur Geltung, allerdings auf eine Art, die stets zufällig und niemals absichtsvoll wirkte. Eine hochbezahlte Visagistin verschönte Maria mehrfach am Tag. Man konnte nicht sehen, dass sie geschminkt war – denn natürlich interessierte sich Maria offiziell nicht für Äußerlichkeiten – aber die Wirkung war dennoch frappierend.

Maria Concetta Crespo hatte sich sehr bewusst für die Jungfrau Maria als Namensgeberin und Schutzheilige ihrer Organisation entschieden. Sie wusste alles über sie. Zumindest alles, was man wissen konnte, und das war nicht allzu viel, denn außer der Bibel gab es über die Mutter Jesu keinerlei Quellen. Maria Crespos Eltern waren geradezu besessen von der Muttergottes gewesen. Es mochte ein Zufall sein – aber sie bezweifelte es – dass sie genau wie die Jungfrau Maria an einem achten September geboren worden war, aber selbstverständlich hatten sie ihre Tochter nicht nur Maria genannt, sondern auch Concetta. Empfängnis. Womit natürlich die unbefleckte Empfängnis gemeint war. Maria Crespo liebte es, andere und insbesondere Katholiken darüber aufzuklären, dass mit der unbefleckte Empfängnis keineswegs – wie viele fälschlich dachten – der Umstand gemeint war, dass sie Jesus als Jungfrau zur Welt gebracht hatte, sondern dass sie – im Gegensatz zu allen anderen Menschen der Weltgeschichte – als einzige ohne Erbsünde geboren worden war. Außerdem war sie nach Auffassung der katholischen Kirche der einzige Mensch, der nicht ins Fegefeuer gekommen war, da sie in ihrem ganzen Leben keine einzige Sünde begangen hatte. Maria Crespo war sich schon lange völlig im Klaren über eine Wahrheit, welche die Katholische Kirche nicht gerne zugab: Die Jungfrau Maria war der heimliche Star. Zwar wurde in Messen kaum von ihr geredet und offiziell war sie keine Heilige, aber dennoch beteten zig Millionen von Menschen täglich das Ave-Maria. Brahms, Mendelssohn-Bartholdy, Gounod, Bruckner, Liszt, Saint Saëns, Bizet, Strawinsky und Rachmaninow hatten es vertont. Das Bild der Madonna war das häufigste Motiv in der christlichen Kunst, weit vor Jesus oder Gott. Jeden Sonntag um zwölf betete der Heilige Vater öffentlich das Angelus-Gebet, in dem Maria geehrt wurde, und ansonsten wurde es im Vatikan dreimal täglich gebetet; die Arbeit sämtlicher Vatikanangehörigen war dafür zu unterbrechen. Zahlreiche Feiertage galten ihr, fast alle Wallfahrtsorte waren ihr gewidmet und tausende Orte nach ihr benannt, ebenso wie unzählige Kirchen (allein vierzig in Rom). Überall auf der Welt gab es an Straßen und Häuserecken diese kleinen Altäre, Madonellen genannt, an denen man zu Maria beten konnte. In Rom waren es über fünfhundert.

Ja, selbst die erfolgreichste Sängerin der Welt hatte sich mit sicherem Instinkt nach der Madonna benannt. Die Jungfrau Maria war die einzige Person, die nicht nur im Christentum eine wichtige Rolle spielte, sondern auch im Islam, im Hinduismus und im Voodookult. Sie war die einzige Frau, die im Koran erwähnt wurde, und gehörte im Islam zu den meistverehrten Frauen. Im Mittelalter betete man nicht nur in Zeiten der Pest zu ihr, sondern auch im Krieg – auf beiden Seiten – und ließ zum Schutz Marienikonen an den Stadttoren anbringen. Auch war es kein Zufall, dass über Jahrhunderte hinweg an keinem anderen Tag mehr Kriege begonnen worden waren als am fünfzehnten August: Maria Himmelfahrt. Dieser heilige Tag schien vielen ein günstiger Ausgangspunkt zu sein.

Und dann waren da noch die Marienerscheinungen. Nicht Gott erschien den Menschen oder Jesus, nein, fast immer war es die Jungfrau Maria. Nach Lourdes, Fatima, Guadalupe, Međugorje und zahlreichen anderen Orten, an denen sich die Jungfrau angeblich gezeigt hatte, pilgerten bis heute jedes Jahr hunderttausende von Menschen. Offiziell tat sich die Katholische Kirche etwas schwer mit Marienerscheinungen (und auch mit echtes Blut weinenden Holzmadonnen), denn Maria durfte Jesus nicht in den Schatten stellen, aber dennoch konnte sie nicht umhin, von den zahllosen Marienerscheinungen zwischen 1664–1991 immerhin fünfzehn als echt anzuerkennen. Ja, der amtierende Papst hatte Maria sogar für wichtiger als die Apostel erklärt.

Maria Concetta Crespo machte sich keine Illusionen, woher die Beliebtheit der Jungfrau Maria rührte: Sie war eine schöne unschuldige Frau und der Inbegriff der Mutter. Jemand, der absolute Geborgenheit und Liebe vermittelte. Etwas, das jeden tief im Inneren berührte. Und ganz besonders tiefgläubige Katholiken, die jeden Gedanken an Erotik als sündhaft ansahen. In der Anbetung der Jungfrau konnten sie sich in aller Unschuld einer schönen Frau nahe fühlen. Für zölibatäre Priester galt das noch in erhöhtem Maße. Maria Crespo hatte sich immer gewundert, dass nie jemand an dem Motto Johannes Paul II. Anstoß genommen hatte, das sogar auf seinem Wappen verewigt war: »Totus tuus«. Ganz der Deine, womit niemand anders als die Jungfrau Maria angesprochen war. Wie konnte ein Papst sich ganz der Jungfrau Maria hingeben? Hätte dieser Satz nicht Gott oder Jesus gelten müssen? Wahrscheinlich war sich Johannes Paul II. der Psychologie dahinter gar nicht bewusst gewesen, aber Maria Crespo verstand nur zu gut und sie hatte für sich eine unschuldige Erotik kultiviert, die sie – scheinbar – selbst gar nicht bemerkte, die aber mächtige Männer in Politik und Finanzwelt dazu brachte, ihr – der Inkarnation der Jungfrau Maria (nicht, dass sie es selbst je ausgesprochen hätte, aber fast jeder, der sie sah, hatte unwillkürlich diesen Gedanken) – jeden Wunsch von den Augen abzulesen.

Manch einer mochte sich fragen, wie eine Frau, die niemand zuvor gekannt hatte, eine Frau ohne Ausbildung, ohne eigene Geldmittel und ohne Kontakte quasi aus dem Nichts aufgetaucht war und innerhalb von nur fünf Jahren zur alleinigen und unangefochtenen Leiterin einer internationalen Organisation aufsteigen konnte, aber die meisten wollten das gar nicht hinterfragen oder werteten es gar als Beweis für göttliche Unterstützung.

Die Wahrheit war – wie so oft – simpler und weniger poetisch. Sie war als freiwillige Helferin in eine kleine und unbedeutende Hilfsorganisation in Rom eingetreten, die sich um Obdachlose kümmerte. Die aufwendige Gründungsarbeit, bei der es in der Regel Jahre dauerte, eine funktionierende Struktur zu schaffen, war bereits getan. Wie auch in ihren katholischen Jugendorganisationen verstand es Maria, sich nicht nur beliebt zu machen, sondern auch durch gezielte Intrigen Schritt für Schritt jeden auszuschalten, der ihr auf dem Weg an die Spitze der Organisation hinderlich war. Als sie schließlich die Leitung übernommen hatte, begann sie sich zunehmend von der Fürsorge von Obdachlosen zurückzuziehen – damit war in Politik und Medien kein Blumentopf zu gewinnen – und sich um Kranke in Entwicklungsländern zu kümmern, hauptsächlich um Frauen und Kinder, da saßen die Spendengelder lockerer. In den ersten zwei Jahren sorgte sie dafür, dass stets die Kamerateams internationaler TV-Sender vor Ort waren, wenn sie selbst für kurze Zeit in Camps in Indien oder Äthiopien anwesend war und sich dort bei der aufopferungsvollen Pflege von kranken Kindern telegen in Szene setzte. Es war ein Geschäftsmodell, dem kaum jemand widerstehen konnte. Eine schöne, selbstlose Frau, die sich um die Ärmsten der Armen kümmerte. Die Spenden flossen zu Millionen. Nicht nur von einfachen Menschen in aller Welt, sondern auch von Regierungsstellen und Industriemagnaten. Die Reichen und Mächtigen standen buchstäblich Schlange, um sich mit dieser charismatischen Frau fotografieren und filmen zu lassen. Man hatte nicht nur das Gefühl, etwas uneingeschränkt Gutes zu tun (das vieles von dem weniger Schönen aufwog, das im rauen Geschäftsleben leider nötig war), sondern man tat zur Abwechslung einmal etwas, das selbst von den größten Querulanten nicht kritisierbar war, und polierte so das eigene Image gehörig auf.

Maria Concetta Crespo hatte das Ganze von Anfang an auf einem einfachen Prinzip aufgebaut. Siebzig Prozent von dem, was sie an Spendengeldern einnahm, flossen tatsächlich in die Hilfsprojekte überall auf der Welt und zehn Prozent dienten zur Deckung der Verwaltungskosten, eine relativ niedrige Quote, die den Vergleich mit anderen Hilfsorganisationen absolut nicht zu scheuen brauchte. Diese Gelder lagen für jedermann nachprüfbar auf einem Konto der Banca Monte dei Paschi di Siena, der ältesten noch existierenden Bank der Welt und einem Hort der Seriosität. Was die restlichen zwanzig Prozent anging, flossen diese durch ein kompliziertes Geflecht internationaler Konten diverser Scheinorganisationen, bis sie schließlich auf einem von Marias privaten anonymen

Nummernkonten in Panama, Bermuda, den Bahamas und den Cayman Islands landeten. Der Mann, der all das für sie eingerichtet hatte, ein Holländer namens de Bruyn, war ein Genie gewesen und mehr als großzügig entlohnt worden, doch dann war er gierig geworden und hatte versucht, sie zu erpressen.

Schon zuvor hatte Maria zuweilen Mitarbeiter gehabt, die Schwierigkeiten verursacht hatten, indem sie Kritik äußerten oder unbequeme Fragen stellten; Maria hatte sie jedes Mal in Camps am Ende der Welt versetzt, wo sie keinen Schaden mehr anrichten konnten. Bevorzugt in solche, in denen es immer wieder Überfälle örtlicher Warlords gab und Seuchen grassierten. Einige dieser Unruhestifter war sie auf diese elegante Weise für immer losgeworden.

Doch bei de Bruyn war es nicht so einfach gewesen. Ihn konnte sie nicht irgendwohin versetzen und außerdem war er nicht nur irgendein Mitarbeiter, der Schwierigkeiten machte, er hatte die Macht, alles zum Einsturz und sie hinter Gitter zu bringen. Sie musste auf Nummer sicher gehen und sich etwas anderes einfallen lassen. Dies war die Stunde gewesen, als sie begonnen hatte, sich ihre eigenen Lazarus-Ritter heranzuziehen. Junge Burschen, teilweise noch Kinder, die unendlich dankbar für die Hilfe waren, die ihnen zuteilwurde, und die sich nichts sehnlicher wünschten, als der verehrten Führerin der Töchter Marias zu helfen und all die bösen Menschen zu beseitigen, die dieser Organisation Schaden zufügen wollten, Menschen wie de Bruyn. Wie hieß es so schön: »Nie tut man so vollständig das Böse, wie wenn man es mit gutem Gewissen tut.« Und Maria verstand es nur zu gut, dafür zu sorgen, dass sie ein gutes Gewissen bei dem hatten, was sie taten.

Sie öffnete das große Fenster, von dem sie eine herrliche Sicht auf den Dom hatte, und zündete sich eine Lucky Strike an. Sie inhalierte gierig und blies den Rauch dann kraftvoll aus dem Fenster. Offiziell rauchte sie natürlich nicht; es hätte nicht zu dem von ihr kultivierten Heiligenimage gepasst, aber sie brauchte die Zigaretten nun mal, um Stress abzubauen, und auch, um ihre zarte Figur zu behalten. Sie blickte auf die Zigarettenpackung und lächelte. Das Design erinnerte sie täglich daran, dass die Leute, das ihnen Bekannte nicht hinterfragten. Lucky Strike war von allen amerikanischen Zigarettenmarken die amerikanischste, so amerikanisch wie Coca-Cola und John Wayne. Hätte es sich dabei um eine japanische Marke gehandelt, wäre jedem klar gewesen, dass das Cover – eine rechteckige weiße Fläche mit einem großen roten Kreis in der Mitte, die japanische Flagge darstellte und dass es sich bei dem *Lucky Strike*, dem *geglückten Schlag*, um den einzigen erfolgreichen militärischen Schlag der im Zweiten Weltkrieg weit unterlegenen Japaner gegen Amerika handelte: den Angriff auf Pearl Harbor. Es war so offensichtlich und doch kam niemand auf diese Idee.

Ebenso kam niemand auf die Idee, die Bücher der Töchter Marias zu prüfen oder gar ihre allseits verehrte Leiterin in Frage zu stellen. Schon gar nicht in Siena, der Stadt, die noch immer der Gottesmutter geweiht war. Maria konnte manchmal selbst nicht glauben, wie einfach es war. Die Töchter Marias waren eine Gelddruckmaschine und ständig kamen neue Einnahmequellen hinzu. Maria hatte mehr Ideen, als sie zeitlich umsetzen konnte. Manchmal bedauerte sie, dass sie als Frau nicht Papst werden konnte. Ihre erste Amtshandlung hätte für sie auf der Hand gelegen. Sie hätte Eintritt für den Petersdom verlangt. Zwanzig Euro waren für dieses sensationelle und auf der Welt einmalige Bauwerk sicher noch günstig und immer noch viel billiger als zum Beispiel das Eintrittsgeld für den Tower von London. Bei den etwa zwanzigtausend Besuchern täglich hätte das Einnahmen von einhundertsechsundvierzig Millionen Euro im Jahr ergeben. Stattdessen ließen diese Narren jeden umsonst rein und steckten jedes Jahr noch etliche Millionen in die Instandhaltung. Obwohl es Maria im Grunde nichts anging, wurde sie stets wütend, wenn sie an die finanzielle Naivität des Vatikan dachte.

Maria Crespo selbst war nicht naiv, wenn es um Geld ging. Sie hatte sich über die Jahre tief in die Thematik eingearbeitet und ihr war schmerzlich bewusst, dass ihr persönliches Vermögen, die etwa neunundsiebzig Millionen Euro, die sie inzwischen beiseitegeschafft hatte – aufgeteilt in acht verschiedene Währungen – auf ihren internationalen Konten nicht absolut sicher waren. Zurzeit waren sie es noch, aber Regierungen konnten von heute auf morgen gestürzt, Gesetze geändert, Kooperationen mit den Strafverfolgungsbehörden fremder Länder eingegangen und ausländische Kontobesitzer enteignet werden – wie erst vor einigen Jahren auf Zypern. Letztlich war das ganze Geld nur virtuell vorhanden, ein paar Ziffern auf der Website ihres Laptops. Ein Klick am anderen Ende der Leitung und es würde sich in Luft aufgelöst haben. Maria verließ sich auf nichts und traute niemandem. Anfangs hatte sie sehr ernsthaft erwogen, einen großen Teil des Geldes in Gold anzulegen. Gold war real und verlor nie seinen Wert, im Gegenteil, auf lange Sicht kannte es nur einen Weg: nach oben. Maria war fasziniert von der Tatsache, dass das gesamte in der Geschichte der Menschheit geschürfte Gold gerade mal einen Würfel von einundzwanzig Metern Kantenlänge ergab. Das war unglaublich wenig. Kein Wunder, dass es so wertvoll war. Doch Gold hatte auch einen großen Nachteil. Das Gewicht. Ein Kilo Gold war etwa fünfundfünfzigtausend Euro wert. Für jemanden mit wenig Vermögen ließ sich das noch ohne weiteres transportieren oder auch verstecken, doch in der Größenordnung, in der Maria Crespo operierte, und bei der nötigen Geheimhaltung waren Lastwagenladungen von Gold keine Option. Sie hatte etwas viel Besseres entdeckt. Diamanten. Bei einem Diamanten der Kategorie *flawless*, also ohne jeden Makel, mit der richtigen Farbe und dem richtigen Schliff, konnte der Preis pro Karat ohne weiteres fünfundzwanzigtausend Euro betragen. Da ein Karat (die Bezeichnung war von Diamantenhändlern erfunden worden, damit die Kunden nicht merkten, wie wenig ein Karat eigentlich war) null Komma zwei Gramm entsprach, konnte ein Kilo Diamanten einhundertfünfundzwanzig Millionen Euro wert sein. Das ließ sich schon sehr viel besser transportieren und auch verstecken. Seit Maria Crespo das klar geworden war, hatte sie ihr Vermögen zum großen Teil umgeschichtet und bewahrte einen beträchtlichen Teil in Form von Diamanten in ihrer unmittelbaren Nähe auf.

Nachdenklich blickte sie zu dem breiten Betstuhl hinüber, den sie nur benutzte, wenn sie wichtige Besucher erwartete. Es verschaffte ihr diesen gegenüber einen psychologischen Vorteil, wenn man sie beim Eintreten dort knien sah.

Dann nahm sie einen weiteren tiefen Lungenzug. Die letzten drei Tage waren eine einzige Katastrophe gewesen. Seit nunmehr fast zwei Jahren arbeitete Maria Crespo daran, die Töchter Marias zu einer Personalprälatur umzuwandeln, einer Rechtsform der Katholischen Kirche für eine zwar dem Vatikan unterstellte, in der Praxis jedoch unabhängige Institution. Bisher gab es auf der Welt erst eine einzige Personalprälatur: das Opus Dei. Diese weltumspannende Organisation, die 1928 von dem spanischen Priester Josemaría Escrivá gegründet worden war, hatte inzwischen etwa einhunderttausend Mitglieder und besaß ein Vermögen von etwa drei Milliarden Euro. Offiziell hatte sich Escrivá immer dem Heiligen Vater unterworfen, doch in der Praxis hatte er das Opus stets so geführt, wie er es für richtig gehalten hatte, und einen wahren Personenkult um sich selbst aufgebaut. Nach seinem Dahinscheiden war er sehr schnell selig- und heiliggesprochen worden. Escrivá war eine charismatische, durchsetzungsstarke Führungspersönlichkeit gewesen, er hatte die erst einige Jahre nach seinem Tode stattgefundene Erhebung des Opus Dei zur Personalprälatur nicht gebraucht, doch seine Nachfolger profitierten in hohem Maße davon. Maria Crespo konnte sich keine bessere Rechtsform für ihre Organisation vorstellen. Sie würde die Unantastbarkeit des Vatikan besitzen und in ihrem Handeln dennoch völlig frei sein. Als Sahnehäubchen würde sie alles daran setzen, die vatikanische Staatsbürgerschaft zu erlangen. Dadurch würde sie – falls irgendwann doch etwas schiefginge – der Strafverfolgung aller anderer Länder entzogen sein. Bestes Beispiel dafür war der ehemalige Chef der Vatikanbank, Erzbischof Paul Casimir Marcinkus. Marcinkus war verwickelt in die Milliardenbetrügereien der italienischen Banco Ambrosiano und ihres berüchtigten und später von der Mafia spektakulär hingerichteten Direktors Roberto Calvi. Zwar ließ sich Marcinkus und der Vatikanbank eine Mitwisserschaft oder gar eine eigene Schuld nie nachweisen, aber dennoch existierte in den achtziger Jahren ein Haftbefehl der italienischen Polizei gegen ihn. Doch Marcinkus hatte sich der Verhaftung zu entziehen gewusst, indem er das souveräne Land Vatikan – das mit keinem Land der Welt ein Auslieferungsabkommen unterhielt – mehrere Jahre lang nicht verließ. Schließlich zahlte die Vatikanbank in Anerkennung einer zwar nicht juristischen, aber moralischen Mitschuld zweihunderteinundvierzig Millionen an hundertzwanzig Geschädigte und der Haftbefehl wurde aufgehoben. Marcinkus ging als einziger Beteiligter der ganzen Affäre unbeschadet aus ihr hervor und verbrachte seinen Lebensabend in aller Ruhe in Sun City, Arizona. Maria Crespo sah in ihm ein Vorbild.

Vor etwa einem halben Jahr hatte sie begonnen, die Sache anzugehen. Es war eine vatikanische Grundregel, dass sich jeder Gläubige in jeder beliebigen Sprache mit seinen Anliegen direkt an den Papst wenden durfte. Natürlich wurde wegen der ungeheuren Masse von Anfragen das Allermeiste von niederrangigen Sachbearbeitern beantwortet, doch Maria Crespo hatte angesichts ihrer Position selbstverständlich mit einer Vorzugsbehandlung gerechnet, mit einer Privataudienz, doch zu ihrer nicht geringen Verärgerung hatte sie nur ein Formschreiben erhalten, dass ihr Anliegen an die Kurie weitergeleitet würde. Nun gab es unter den Mitgliedern der vatikanischen Kurie nicht wenige, die mit Wohlwollen auf die Idee blickten, den Töchtern Marias den Status einer Personalprälatur zu verleihen. Der ausschlaggebende Mann jedoch, Kurienkardinal Gambarotti, der Mann, der den Heiligen Vater in dieser Sache beraten und dessen Empfehlung dieser am Ende wahrscheinlich folgen würde, stand der Sache mehr als skeptisch gegenüber. Er hegte eine unversöhnliche Abneigung gegen den verstorbenen Escrivá und das Opus Dei und war nicht geneigt, einer weiteren Personalprälatur innerhalb der Katholischen Kirche den Weg zu bereiten. Immerhin hatte Maria Crespo es vermocht, einen persönlichen Termin mit ihm zu vereinbaren, doch leider hatte ihr Zauber bei diesem Mann vollständig versagt. Mit deutlicher Ungeduld hatte er sich ihre minutiös ausgearbeiteten Argumente angehört und ihr schließlich eine schroffe Absage erteilt. Es war deutlich, dass er keine inhaltlichen Gegengründe hatte und natürlich erst recht nichts von den illegalen Vorgängen hinter den Kulissen der Töchter Marias ahnte, sondern dass er einfach ein gemeiner alter Mann war, der seine Abneigung gegen das mächtige Opus Dei an ihr ausließ. Er hatte ihr klipp und klar mitgeteilt, dass sie sämtliche Hoffnungen auf eine päpstliche Zustimmung begraben könne, solange er im Amt sei.

Also hatte Maria Crespo das getan, was sie *immer* getan hatte, wenn ihr jemand im Wege gestanden hatte: nach einer Möglichkeit gesucht, ihn durch eine gezielte Intrige beiseitezuräumen.

Sie hatte es nicht für klug gehalten, andere Kardinäle gegen Gambarotti aufzubringen, denn sie wusste nicht, mit welchen von ihnen er befreundet war, die Gefahr, dass dies nach hinten losging, war zu groß. Außerdem schätzte man es in der Kurie ganz und gar nicht, wenn jemand versuchte, den Dienstweg zu umgehen. Jeder verteidigte seinen eigenen Kompetenzbereich mit Zähnen und Klauen und es war ein ungeschriebenes Gesetz, dass man sich nicht in den Bereich des Kollegen einmischte. Schließlich glaubte sie, den richtigen Weg gefunden zu haben. Sie hatte sich um einen Termin bei Oberst Durand, dem Kommandanten der Schweizergarde bemüht. Es hatte einige Wochen gedauert und mehrfaches Nachfragen erfordert, bis sie schließlich eine Zusage bekommen hatte. Schon dies hätte ihr eigentlich eine Warnung sein müssen, denn normalerweise riss man sich darum, sie zu treffen. Das Gespräch mit Durand schließlich entpuppte sich als eine einzige Katastrophe und zu sagen, Durand sei unkooperativ gewesen, wäre einer riesigen Untertreibung gleichgekommen. Sie hatte den Mann völlig falsch eingeschätzt und ihr tausendfach bewährter Charme prallte an dem Schweizer ab wie Kanonenkugeln an den meterdicken Mauern des Vatikan. Schließlich hatte sie sich ganz auf ihr Anliegen konzentriert. Sie wolle niemandem schaden, hatte sie Durand treuherzig versichert, aber ihr Gewissen verlange, dass sie ihn darüber informiere, dass von verschiedener Seite höchst beunruhigende Informationen über Kardinal Gambarotti an sie herangetragen worden wären. Es ginge um sexuellen Missbrauch von Minderjährigen, erklärte sie, während sie peinlich berührt zu Boden blickte. Natürlich könne sie keine Namen nennen, die Betroffenen hätten schon genug gelitten und es nicht verdient, auch noch in die Öffentlichkeit eines Gerichtsverfahrens gezerrt zu werden, außerdem sei es nicht fair, den Vatikan und den Heiligen Vater wegen des Fehlverhaltens *eines* Mitarbeiters, der in seiner unmittelbaren Nähe arbeitete, in den Schmutz zu ziehen, aber andererseits sei man es den Opfern und auch dem Papst schuldig, der Sache nachzugehen und, wo nötig, Maßnahmen zu ergreifen.

Durand hatte lange geschwiegen und schließlich nur einen Satz gesagt: »Ich verstehe.« Sonst nichts. Der kalte Blick, den er ihr dabei zugeworfen hatte, war ihr durch Mark und Bein gegangen. Durand wahrte die Form und blieb höflich, doch eines war Maria Crespo in selbem Moment klar geworden: Dieser Mann war die erste Person, die sie völlig durchschaut hatte.

Zum ersten Mal hatte sie einen schweren Fehler begangen. Und nicht nur das. Es war wie eine Vision über sie gekommen und sie konnte mit absoluter Gewissheit spüren, dass dieser Mann nicht nur nicht in ihrem Sinne handeln, sondern etwas gegen sie unternehmen würde. Als Kommandant der Schweizer Garde hatte er das Wissen, die technischen und personellen Möglichkeiten sowie die nötigen Kontakte, um Nachforschungen anzustellen. Und er hatte das Ohr des Heiligen Vaters. Als Maria Crespo sich schüchtern lächelnd erhob, Oberst

Durand für das Treffen dankte und ihm sanft die Hand reichte, hatte sie sich bereits entschieden, diesen hochgefährlichen Mann unschädlich zu machen. Und dieses Mal war keine Zeit für eine Intrige, es musste unverzüglich gehandelt werden, Durand konnte noch heute einen Termin beim Papst machen und ihn über seine Eindrücke informieren; in dieser Situation zählte buchstäblich jede Sekunde. Noch während der Rückfahrt nach Siena hatte sie darüber nachgedacht. Dann hatte sie sich plötzlich an die berüchtigte Estermann-Affäre erinnert: Der Kommandant der Schweizer Garde, der zusammen mit seiner Frau von einem angeblich unzufriedenen Gardisten erschossen worden war. Anschließend – so hieß es – hatte sich der Gardist selbst gerichtet. Allerdings hatte es Gerüchte gegeben, dass Estermann dem Vatikan unbequem geworden und beseitigt worden war. Ob das den Tatsachen entsprach, konnte Maria Crespo nicht entscheiden und es war ihr auch vollkommen gleichgültig, sie wusste nur, dass sie es genauso machen würde. Nun musste nur noch entschieden werden, wer in der Schweizer Garde als Sündenbock würde herhalten müssen. Sehr schnell hatte sie sich für den Vizekommandanten Jean Brunner entschieden. Aus mehreren Gründen. Er war, abgesehen von Oberst Durand, der einzige Angehörige der Schweizer Garde, über den sie auf die Schnelle Informationen im Internet hatte finden können. Außerdem hatte er die Macht, einen ihrer Lazarus-Ritter unbemerkt in den Vatikan einzuschleusen. Vor allem aber lag bei ihm auf der Hand, wie er so unter Druck zu setzen war, dass er den Mord an Durand ausführen würde. Der Mann hatte eine Tochter, die täglich den Vatikan verließ. Im ersten Moment hatte Maria Crespo daran gedacht, sie entführen zu lassen, doch dann war ihr aufgegangen, dass jedem der Zusammenhang auffallen müsste, wenn am Tag ihrer Entführung ihr Vater den Kommandanten der Schweizer Garde erschießen würde. Doch dann war ihr ein eleganterer Weg eingefallen, bei dem die Tochter gar nichts bemerken und ihr Vater dennoch von der Gefährlichkeit der Situation überzeugt sein würde.

Sie sah auf die schlichte, schmale Armbanduhr an ihrem Handgelenk. Es war kurz vor zwanzig Uhr. War es bereits getan? Wenn alles nach Plan verlaufen war, ja. Aber dennoch … die Ungewissheit machte sie nervös. Doch sie würde sich wahrscheinlich noch bis morgen früh gedulden müssen, bis ihr Rajiv Bericht erstatten würde. Persönlich. Sie hielt sich an ein eisernes Prinzip. Alles, was den illegalen Teil der Töchter Marias betraf, besprach sie ausschließlich unter vier Augen mit den wenigen, die eingeweiht sein mussten. Keine Telefonate, keine Mails oder Briefe und keine Notizen. Das war alles nicht sicher und am Ende landete es immer in den Händen der falschen Personen. So viele Skandale waren auf diese Weise ans Licht gekommen. Sie hatte gehört, dass der russische Geheimdienst FSB in seinen Büros sogar alle Computer abgeschafft hatte und wieder mit Schreibmaschinen arbeitete. Unpraktisch, aber wesentlich sicherer. Wenn selbst der FSB befürchten musste, seine Computerdaten nicht schützen zu können, welche Chance hatten dann alle anderen? Und es stand einfach zu viel auf dem Spiel. Deshalb fanden alle heiklen Gespräche im Keller der Hauptzentrale der Töchter Marias statt. In ihrer privaten Hauskapelle. Ein fensterloser Raum mit meterdicken Wänden und tief unter der Erde. Ein verborgener Störsender, der sämtliche Handy- und Funksignale blockierte, sowie ein Scanner, mit dem sich Abhöreinrichtungen aufspüren ließen, taten ein Übriges.

Sie drückte die Zigarette aus, spülte sie im Waschraum die Toilette hinunter und versprühte etwas Spray mit Rosenduft in ihrem Büro. Nicht nur, um den Geruch des Tabakqualms zu überdecken, sondern auch weil Menschen, die von sich behaupteten, dass ihnen die Jungfrau Maria erschienen war, fast alle das Gleiche darüber sagten: Sie hätten in dem Moment ein ungeheures Glücksgefühl verspürt und den Duft von Rosen gerochen. Es konnte nicht schaden, den Menschen, die sie traf, einen dezenten Hinweis zu geben, dass Maria Crespo möglicherweise eine Heilige war.

XXIX

Nachdem Rajiv aus der Glaubenskongregation geflüchtet war, hatte er alles daran gesetzt, so schnell wie möglich zu seinem Van zu kommen. Noch im Laufen hatte er sich den dünnen Plastikoverall vom Körper gerissen, sich der OP-Handschuhe entledigt und alles in einen öffentlichen Papierkorb gestopft. Dann hatte er sich hinters Steuer geklemmt und war losgefahren, ohne sich anzuschnallen. Er wusste, dass es jetzt um jede Sekunde gehen konnte. Er war in falscher Richtung durch eine Einbahnstraße gerast, hatte versehentlich eine Mülltonne umgefahren und dabei zur Jungfrau Maria gebetet, dass ihn kein Polizist dabei sehen würde. Offenbar war sein Gebet erhört worden, denn nicht mal eine Minute später war er unbehelligt an der Kreuzung bei der Glaubenskongregation angelangt. Er parkte den Wagen in zweiter Reihe, um notfalls schnell reagieren zu können, schaltete die Warnblinkanlage an und war froh, dass er so weitsichtig gewesen war, einen Wagen mit getönten Scheiben zu mieten. Er lehnte sich zurück, versuchte, sich zu beruhigen, und richtete seinen Blick auf den Ausgang, der im Licht einer Straßenlaterne gut zu sehen war. Dann rekapitulierte er, was geschehen war. Niemand außer Brunner, Cavelli und Signora Kingsley hatte ihn in der Gardekaserne oder in der Glaubenskongregation gesehen. Spuren hatte er nicht hinterlassen. Oberst Durand war tot, das war das Wichtigste. Brunner war ebenfalls tot und er hatte die Garde informiert, dass Cavelli der Mörder von Durand war. Nur dieser und die Frau konnten noch gefährlich werden, wenn sie etwas anderes aussagten. Allerdings glaubte Rajiv nicht wirklich, dass sie das tun würden, zumindest jetzt noch nicht. Die Umstände sprachen zu sehr gegen sie. Die beiden würden das tun, was auch Rajiv in einer solch unübersichtlichen Situation getan hätte und was er in dieser Sekunde tatsächlich auch tat: flüchten, sich in Sicherheit bringen, in Ruhe nachdenken und dann zum Gegenschlag ausholen. Dann fiel ihm ein, dass Taroun, der andere Lazarus-Ritter, immer noch die Tochter Brunners überwachte. Das hatte sich mit dessen Tod erledigt. Er zückte sein Smartphone und wählte eine Nummer, die er auswendig gelernt hatte.

»Hier ist Salvatore«, meldete sich Taroun am anderen Ende nach einigen Sekunden.

»Scusi, Kumpel, hab mich verwählt«, gab Rajiv den vereinbarten Code für das Ende der Aktion durch und legte auf. Keine Sekunde zu früh, denn in diesem Moment öffnete sich die Tür der Glaubenskongregation und er sah Cavelli vorsichtig auf die Straße blicken. Dann erschien auch die Kingsley. Die beiden liefen bis zur Kreuzung, wo sie in ein Taxi stiegen. Rajiv wendete seinen Van und fuhr hinterher.

XXX

»Einfach erstmal weg von hier«, hatte Cavelli gesagt und Beatrice hatte den vollbärtigen Taxifahrer in demselben, stark englischen Akzent, den auch ihr Ehemann Terry sprach, gefragt, wo in der Nähe eine gute Bar sei. Falls man ihre Flucht noch heute Nacht entdeckte und die vatikanische Polizei die Taxistände in der Nähe des Vatikan abklapperte, war es besser, wenn man sie für englische Touristen hielt. An der von dem Taxifahrer empfohlenen Bar in Trastevere (er erhielt eine Provision für jeden Fahrgast, den er ankarrte) waren sie dann ausgestiegen, zum Taxistand an der Ponte Sisto gegangen und hatten versucht, sich über ihre Lage klar zu werden.

»In unsere Wohnungen können wir nicht«, stellte Cavelli fest. »Und auch in kein Hotel. Die Frage ist, wann man Brunners Verschwinden bemerken und eine Suchaktion starten wird. Vielleicht erst morgen früh, aber spätestens dann wird man seine Leiche finden und feststellen, dass wir geflohen sind. Möglicherweise aber auch schon in ein paar Stunden, wir müssen damit rechnen, dass die Polizei noch heute Nacht alle Hotels kontaktiert.«

»Ich kann sowieso in keins«, erwiderte Beatrice tonlos. »Meine Handtasche steht immer noch in Oberst Durands Wohnzimmer, da ist auch mein Ausweis drin. Und mein Handy, mein Schlüssel, meine Kreditkarten, Geld – alles.« Sie hob den Kopf und blickte Cavelli direkt an. »Machen wir mit unserer Flucht nicht alles nur noch schlimmer, Don? Vielleicht sollten wir uns einfach stellen, alles erklären und ihnen von dem Mann mit dem entstellten Gesicht erzählen.«

»Den keiner außer uns gesehen hat, Beatrice. Den neuen Gardisten hat Brunner erzählt, dass wir die Attentäter sind, und sie haben nicht den geringsten Grund, diese Aussage ihres Vorgesetzten anzuzweifeln. Sie haben erlebt, wie wir in die Zelle gebracht wurden, und nun liegt Brunner tot in dieser Zelle und wir sind verschwunden.«

Beatrice nickte düster. »Ich fürchte, du hast recht, Don.«

Dann fiel ihm noch etwas ein. »Und dann ist da noch Brunners Waffe, mit der er Oberst Durand erschossen hat. Da sind jetzt meine Fingerabdrücke drauf. Wer soll uns da die Wahrheit glauben?«

»Und wenn du deinen Freund anrufst, diesen Sekretär vom Papst, und ihm alles erklärst?«

Cavelli schüttelte den Kopf. »Das geht nicht. Mein Smartphone liegt in meiner Wohnung, ich dachte nicht, dass ich es brauchen würde. Darin sind alle Nummern von Monsignore Mattlin gespeichert, im Kopf hab ich keine davon und wenn ich über die Telefonzentrale anrufe, wird man mich für einen der hunderten von Spinnern halten, die täglich anrufen, und mich nicht zu ihm durchstellen.«

»Und wenn du ihm schriftlich alles …?«

»Letztlich bringt das alles nichts. Selbst wenn er mir glaubt … er leitet nicht die Ermittlungen und auch nicht den Prozess. Er kann nichts tun, höchstens als Leumundszeuge, und wir müssten uns stellen, um unsere Unschuld zu untermauern. Wer unschuldig ist, flieht nicht, damit legen wir unser Schicksal in die Hände des Zufalls und das zu sehr ungünstigen Ausgangsbedingungen. Nein, das Risiko ist zu groß. Wir brauchen jetzt erst einmal Zeit, um in Ruhe nachzudenken, was unsere Optionen sind. Die wichtigste Frage ist jetzt, wo verbringen wir die Nacht, ohne dass man unsere Ausweise sehen will.«

Beatrice überlegte, dann schien sie eine Idee zu haben. »Hast du Bargeld dabei?«

Cavelli zog seine Brieftasche hervor und zählte die Geldscheine darin. »Vierhundertzehn Euro.«

»Müsste reichen.«

»Wofür?«

»Für ein Schlafwagenabteil in einem Nachtzug raus aus Rom.«

XXXI

Den schwarzen Mercedes-Van mit den dunklen Schreiben, der ihnen bis hierher gefolgt war und der nun auf der anderen Straßenseite in zweiter Reihe parkte, hatten sie nicht bemerkt. Rajiv blinzelte nervös, als er sah, dass die beiden in ein weiteres Taxi stiegen. Bei einer Verfolgung durch die Stadt in der Nacht war zwar die Gefahr, abgehängt zu werden, geringer, aber dafür wurde man auch viel leichter entdeckt. Während die beiden Wagen Richtung Norden fuhren, versuchte er so viel Abstand wie möglich zu halten. Vielleicht fuhren sie zu der Wohnung der Frau. Das wäre ideal. Er konnte sich später in der Nacht Zutritt verschaffen und … Er sah, wie das Taxi hielt und Cavelli heraussprang und zu einem Geldautomaten lief. Offenbar wollte er vermeiden, in den nächsten Tagen seine Kreditkarte nutzen zu müssen, denn jede Verwendung konnte die Polizei auf die Spur der Flüchtigen führen. Rajiv verzog enttäuscht das Gesicht. Leider sprach das Geldziehen dagegen, dass sie sich in der Wohnung der Frau verstecken würden.

Missmutig sah Rajiv zu, wie Cavelli wieder in das Taxi stieg, und als ihm einige Minuten später auffiel, dass sie sich immer mehr dem Bahnhof Termini näherten, spürte er, wie ihm der Schweiß ausbrach. Was hatten die beiden vor? Die Sache schien nun endgültig aus dem Ruder zu laufen. Tatsächlich hielt das Taxi an der rechten Seite des Bahnhofs und die beiden betraten die Haupthalle. Mit quietschenden Reifen fuhr Rajiv auf einen Behindertenparkplatz, zog eine von den Töchtern Marias ausgegebene Berechtigungskarte aus der Tasche und knallte sie aufs Armaturenbrett. Es war nicht das erste Mal, dass ihm diese Karte gute Dienste leistete, wenn er bei einem Auftrag schnell einen Parkplatz finden musste. Er holte die kleine Groza-Waffe unter dem Fahrersitz hervor und steckte sie ein. Dann setzte er sich eine Baseballkappe auf, die sein entstelltes Gesicht zumindest etwas in Schatten tauchte, und rannte hinterher. Er ignorierte die Obdachlosen, die in den Eingängen schliefen, betrat die Halle und sah die beiden in etwa zwanzig Meter Entfernung vor sich. Sie standen vor einem Glaskasten und studierten den Plan für die abfahrenden Züge. Der Zeigefinger der Frau glitt langsam die Spalten hinunter und blieb schließlich an einer bestimmten Stelle stehen. Rajiv versuchte, ein geistiges Foto zu machen. Dann sahen sich die beiden um. Rajiv drehte sich blitzartig weg. Rechneten sie etwa damit, dass er ihnen folgte? In der Spiegelung einer Schaufensterscheibe einer geschlossenen Parfümerie beobachtete er sie verstohlen weiter.

Dann atmete er auf. Offenbar hatten die beiden lediglich nach einem Fahrkartenautomaten Ausschau gehalten. Es dauerte einige Minuten, dann hatte der Mann einen ganzen Haufen an Fahrkarten, Quittungen und Wechselgeld aus dem Ausgabefach gefischt und die beiden nahmen auf einer Wartebank Platz. Rajiv stellte anerkennend fest, dass er sich dieselbe Bank ausgesucht hätte. Sie stand ziemlich abseits und es gab für die anderen Reisenden keinen Grund, in ihre Nähe zu kommen. Er begab sich zu einem Fahrplan in seiner Nähe und rief sich sein geistiges Foto ins Gedächtnis. Ganz sicher war er sich nicht, was die Position ihres Fingers betraf. Es kamen drei Züge in Frage. Einer davon schied aus, weil er nur sonntags fuhr, blieben noch zwei. Sie gingen im Abstand von sechs Minuten. Der eine fuhr nach München in Deutschland und der andere hatte Palermo zum Ziel. Er überlegte. Dass die beiden das Land verlassen würden, war unwahrscheinlich. Möglicherweise wurde nach ihnen bereits gefahndet und man musste bei Grenzüberschreitungen immer mit Stichproben rechnen. Sie würden nicht so dumm sein, das zu riskieren. Oder setzten sie darauf, dass noch keine Fahndung angelaufen war, und glaubten im Ausland sicherer zu sein?

Dann traf er eine Entscheidung.

Es spielte keine Rolle, in welchen Zug die beiden steigen wollten; er hatte fünfundfünfzig Minuten Zeit, zu verhindern, *dass* sie es taten.

XXXII

Rajiv kaufte sich an einem Stand einen doppelten Espresso in einem Pappbecher und stürzte ihn hinunter. Er war heiß und wässrig. Dann setzte er sich damit an einen der wackeligen Bistrotische davor, von wo er die beiden gut im Blick hatte.

In seinem Kopf brodelte es und er fühlte sich elend. Was, wenn er keinen Weg fand, die beiden unschädlich zu machen? Er war im Begriff, den Menschen zu enttäuschen, der ihm auf der Welt am meisten bedeutete: Tochter Maria. Er hatte es zwar geschafft, Oberst Durand töten zu lassen, aber solange die beiden Zeugen noch lebten, war dies bestenfalls ein halber Erfolg. Und dass sie aus der Gefängniszelle hatten entkommen können, war allein seine Schuld. Er hatte sich nicht gut genug vorbereitet und die Situation viel weniger unter Kontrolle gehabt, als er gedacht hatte. Die Vorstellung, morgen früh Tochter Maria gegenüberzutreten und ihr beichten zu müssen, dass er versagt hatte, war unerträglich; sie bereitete ihm körperliche Schmerzen. Tochter

Maria hatte ihm nicht nur das Leben gerettet, als er die Hansenkrankheit gehabt hatte, sie hatte auch etwas in ihm gesehen und ihn unter ihre Fittiche genommen. Sie war seine Seelenführerin geworden. Zweimal im Jahr zog sie sich mit ihm und den anderen Lazarus-Rittern für je drei Tage nach Ferrara di Monte Baldo in das der Jungfrau Maria geweihte Wallfahrtskloster Madonna della Corona zurück, das im fünfzehnten Jahrhundert in über siebenhundert Meter Höhe direkt in den Berg gebaut worden war. Dort war man völlig ungestört und dort hatte sie ihn und die anderen alles gelehrt über Gott und Jesus und vor allem über die Jungfrau Maria, die Rajiv innig liebte. Tochter Maria hatte ihn gelehrt, das Richtige zu glauben und das Richtige zu denken. Und sie hatte seinem Leben zum ersten Mal einen Sinn gegeben: Er beschützte sie vor all dem Bösen, das versuchte, den Töchtern Marias zu schaden. Oberst Durand war einer von ihnen gewesen. Und das, obwohl er für den Heiligen Vater gearbeitet hatte. Das war schwer zu verstehen, wie auch manches andere, aber nicht zum ersten Mal hatte Tochter Maria Papst Paul VI. zitiert: »Der Rauch Satans ist in die Kirche eingedrungen.« Und im Gegensatz zu ihm hatte sie die Gabe zu erkennen, um wen es sich dabei handelte. Nie hatte sie ihm einen Befehl erteilt, jemanden zu beseitigen, sie sprach nur so lange über ihre Sorgen, bis er von selbst verstand, was zu tun war. Durand war aus irgendeinem Grund ein Teil des satanischen Rauchs gewesen. Was Brunner, Cavelli und die

Frau anging, sah es anders aus. Sie hatten nichts getan, zumindest hatte Tochter Maria nichts davon erwähnt, aber Gott hatte sie nun mal dahin gestellt, wo sie standen. Kleine Mosaiksteine in seinem allgewaltigen Plan. Nur er allein wusste, warum sie dort standen und warum gerade sie es waren, die für das höhere Wohl geopfert werden mussten. Rajiv hegte keinen Groll gegen sie, er handelte nur nach Gottes unergründlichem Ratschluss. Es stand ihm nicht zu, diesen in Frage zu stellen. Es war ganz simpel: Der Zweck heiligte die Mittel.

Rajiv sah zur großen Bahnhofsuhr an der Wand. Sechs Minuten waren mittlerweile vergangen und noch immer wusste er nicht, was er unternehmen sollte. Er versuchte, seine Gedanken zu ordnen. Zumindest war die ursprüngliche Story noch haltbar: Cavelli war eifersüchtig und tötete Oberst Durand. Dann tötete er Brunner in der Zelle, um zu entkommen. Später erwürgte er seine untreue Geliebte und beging Selbstmord. Doch wie war dieser letzte Teil jetzt noch zu bewerkstelligen? Wie konnte Rajiv ohne Aufsehen verhindern, dass sie in neunundvierzig Minuten in einen Zug stiegen? Bei dem Gedanken zu versagen schnürte sich seine Kehle zu. Er atmete tief durch, um sich beruhigen. Er musste die Nerven behalten. Wie lautete eines der geflügelten Worte Tochter Marias: »Wenn du entmutigt bist, ist das ein Zeichen dafür, dass du hochmütig bist. Es zeigt, dass du zu viel Vertrauen in dich selbst hast und zu wenig in Gott.«

Dass sie den Satz, wie vieles, was sie öffentlich äußerte, von Mutter Teresa gestohlen hatte, ahnte er nicht, aber es wäre ihm auch egal gewesen, aus ihm schöpfte er auch heute wieder neue Zuversicht.

Weitere zehn Minuten waren vergangen und Rajiv hoffte inzwischen auf ein Wunder oder zumindest auf einen Fingerzeig Gottes, was er tun sollte. Er tastete nach der Groza-Waffe in seiner Tasche. Wenn ihm nichts Besseres einfiel, konnte er immer noch zu den beiden hingehen und sie einfach erschießen. Natürlich gab es hier im Bahnhof und auch auf der Straße überall Kameras und mit seinem unverkennbaren Gesicht würde er sich nirgendwo mehr blicken lassen können, schon gar nicht in der Nähe von Tochter Maria. Es würde vorbei für ihn sein. Aber das war dann eben das Opfer, das Gott von *ihm* verlangte. Zumindest konnten sie dann nicht mehr in der Sache Durand aussagen. Aber vielleicht wäre das dann auch gar nicht mehr nötig. Der Mörder von Oberst Durand wird am selben Tag selbst erschossen? Das klang ja fast wie der Mord an Kennedy-Attentäter Lee Harvey Oswald, der seit Jahrzehnten Anlass zu Spekulationen gab, dass hinter dem Kennedy-Attentat ganz andere Kräfte steckten. Nein, genau das konnte Tochter Maria nicht gebrauchen. Er würde einen anderen Weg finden müssen.

Einen ganz und gar sauberen.

Elf weitere Minuten vergingen. Rajiv liefen Ströme von Schweiß über das Gesicht. Da geschah es. Signora Kingsley blickte auf die große Uhr, sagte etwas zu Cavelli, stand auf und ging weg. Rajiv beobachtete sie, während er angespannt auf seiner Unterlippe herumkaute. Was hatte sie vor? Wollte sie etwas in der großen Bahnhofshalle kaufen? Er überlegte, wie ihm das nützen könnte, aber sein Kopf war leer. Dann sah er sie die Halle verlassen und um eine Ecke biegen. Und gleich daneben erblickte Rajiv das wunderschönste Schild, das er sich nur vorstellen konnte: *WC*. Er stand auf und ging ihr so schnell hinterher, wie es gerade noch nicht auffällig war. Er kam eben noch rechtzeitig, um sie im Waschraum für Damen verschwinden zu sehen. Jetzt stockte er. Er hatte rein instinktiv reagiert, als er ihr nachgegangen war, nun wurde ihm klar, dass er auch hierfür keinen Plan hatte. Nervös sah er sich um, dann fiel sein Blick auf eine Ecke, in der ein Defibrillator an der Wand hing, und auf zwei Rollstühle, die dort bereitstanden. In diesem Moment hatte Gott eine Einsicht und schenkte ihm eine Eingebung. Er lief hinüber, setzte sich in einen der Rollstühle und zog die Mütze noch tiefer ins Gesicht. Rajiv war klein und schmal; flüchtig betrachtet konnte man ihn durchaus für eine Frau halten. Er rollte zur Tür des Waschraums und versuchte, sie zu öffnen. Das war schwieriger als gedacht und er fragte sich frustriert, wie echte Rollstuhlfahrer das hinkriegten. Schließlich wendete er den Stuhl, verrenkte sich nach hinten, um die

Klinke hinunterzudrücken, und fuhr rückwärts, die Tür nach innen drückend, hinein. Sofort senkte er den Kopf. Signora Kingsley stand am Waschbecken und wusch sich das Gesicht. Sonst war niemand zu sehen, aber das musste nicht unbedingt etwas heißen. Rajiv blickte die Reihen der Toilettentüren entlang, sie standen alle offen, es war also wirklich niemand hier. Das Glück war ihm weiterhin hold. Er fuhr auf die Kabine zu, die sich direkt hinter der Frau befand. Mit einer fließenden Bewegung schnellte er hoch, drehte mit der linken Hand den Rollstuhl so, dass er sich nun genau hinter ihr befand, und mit der rechten Hand riss er sie an den Haaren nach hinten. Es ging so schnell, dass sie nicht mal aufschrie. Im nächsten Moment saß sie in dem Rollstuhl. Er widerstand der Versuchung, sie niederzuschlagen. Spuren von Misshandlungen konnte er sich nicht leisten, solange er noch nicht genau wusste, wie er weiter vorgehen würde. Stattdessen verschloss er ihr mit seinen Händen Mund und Nase. Einige Momente wehrte sie sich und schlug um sich, während sie erstickte Laute von sich gab, aber dann spürte er, wie sie ohnmächtig wurde. Er ließ seine Hände sicherheitshalber noch zehn Sekunden an Ort und Stelle, dann vergewisserte er sich, dass sie noch atmete, und rollte sie aus dem Waschraum. Nur der immer noch laufende Wasserhahn kündete davon, dass jemand hier gewesen war.

XXXIII

Es geschieht nur sehr selten, dass nach einundzwanzig Uhr im Apostolischen Palast und im Governatorat, der Regierung des Vatikan, noch Licht brennt. Schließlich beginnt für manche dort der Arbeitstag schon um sechs Uhr morgens oder sogar noch früher. Doch heute waren in beiden Gebäuden viele Fenster noch hell erleuchtet. Eine plötzliche Krise war über den Vatikan hereingebrochen und mehrere Arbeitsgruppen setzten alles daran, sie zu bewältigen. Wie fast jede schwere Krise war auch diese wie aus dem Nichts aufgetaucht. Zuerst hatte es plötzlich einen Alarm gegeben. Der Gardist im Pförtenhäuschen der Porta Sant'Anna hatte gemeldet, dass sich ein bewaffneter Angreifer im Vatikan aufhielt. Sofort trat ein Notfallplan in Kraft, der nicht nur alle Eingänge zum Vatikan abriegelte, sondern auch alle Gebäude im Inneren. Minuten später wirkte die Vatikanstadt wie ausgestorben. Etwa zwanzig Minuten später war Entwarnung gegeben worden. Hatte es sich um einen Fehlalarm gehandelt? Hatte man die Person verhaftet? War sie geflüchtet? Es gab keine weiteren Informationen. Alle Versuche – ob telefonisch, über Funk oder per Mail – den Kommandanten der Schweizer Garde Oberst Durand oder seinen Stellvertreter Oberstleutnant Brunner zu erreichen, gingen ins Leere. Irgendjemand im Governatorat hatte daraufhin entschieden, den Alarm zumindest innerhalb des Vatikan aufrecht zu erhalten, bis die Sachlage klarer würde. Nach endlosen fünfundvierzig Minuten hatte sich Major Clerc gemeldet, der dritthöchste Offizier der Schweizer Garde. Er hatte Schockierendes zu melden. Auf Oberst Durand war ein Attentat verübt worden. Man hatte ihn in seiner Wohnung schwer verletzt vorgefunden und umgehend in die Gemelli-Klinik gebracht. Ob er überleben würde, war zur Stunde ungewiss, aber es sah nicht gut aus. Im Übrigen sei Vizekommandeur Brunner unauffindbar.

Anderthalb Stunden später meldete Major Clerc sich erneut. In der Zwischenzeit hatte er mit allen Gardisten gesprochen und in Erfahrung gebracht, dass Brunner zwei mutmaßliche Attentäter (ein Mann und eine Frau) in Gewahrsam genommen und in eine Zelle unter der Glaubenskongregation gesperrt hatte. Bei einer Überprüfung besagter Zelle habe man Brunners Leiche mit eingeschlagenem Schädel gefunden, allerdings keine Gefangenen. Die Tür zur Glaubenskongregation, die auf römisches Stadtgebiet führte, war von innen geöffnet worden. Sicherheitshalber habe man dennoch das Gebäude vom Keller bis zum Dach durchsucht – ergebnislos – und auch die wachhabenden Gardisten am Petrianustor befragt, ob jemand die Kongregation durch den Seiteneingang verlassen habe, was verneint worden war. Die beiden Attentäter waren definitiv aus dem Vatikan verschwunden – damit war der Alarm aufgehoben, wenn auch der Einlass zum Vatikan weiterhin besonders streng kontrolliert wurde und die Wachen verstärkt worden waren.

Auch Hellebardier Elias Monthey gehörte zu den Gardisten, die nun zusätzlich an der Porta Sant'Anna Dienst taten. Nachdem man die beiden Attentäter in die Zelle eingesperrt hatte, war er mit den anderen Gardisten zunächst in die Kaserne zurückgekehrt. Im Prinzip war ihr Dienst für heute zu Ende gewesen, aber angesichts der besonderen Situation hatte keiner von ihnen dem Frieden getraut. Niemand hatte gewagt, die Uniform abzulegen. Zusammen mit den anderen hatte er in der Kantine gesessen, einige rauchten und tranken Cola oder alkoholfreies Bier. Alle trugen wie immer in der Kantine über der Uniform das *Eskaputt*, eine lange blaue Jacke, welche die Uniform vor Flecken bewahren sollte. Dann war plötzlich Feldwebel Favre aufgetaucht und hatte »Achtung!« gebrüllt. (Es war eine jahrhundertealte Tradition der Schweizer Garde, dass alle Kommandos auf Deutsch gegeben wurden.) Wie die anderen war Monthey aufgesprungen. Er fühlte sich fast erleichtert, dass nun endlich etwas passierte, die Ungewissheit war schwer zu ertragen. Automatisch fuhr er mit dem weißen Baumwollhandschuh über seine glänzende Gürtelschnalle mit den Buchstaben GSP für Guardia svizzera pontificia, um etwaige Fettflecke zu entfernen. Eine Gewohnheit, die er sich angeeignet hatte, nachdem er einmal für eine verschmierte Schnalle gerügt worden war. Und nun stand er mit seiner Hellebarde zwei Meter hinter dem geschlossenen Stahltor und ging in Gedanken alles immer wieder durch. Er wollte alles richtig machen, soviel war klar. Doch was *war* das Richtige? Als er die Attentäter hinter der Vatikanbank gestellt hatte, war ihm von dem Mann etwas zugerufen worden. Er hatte behauptet, im Vatikan zu wohnen. Auch einen Namen hatte er genannt. Don Kaspersky oder so ähnlich. Monthey konnte sich nicht genau erinnern, in der Aufregung hatte er es kaum mitbekommen. Später, nachdem Oberstleutnant Brunner dazugestoßen war, hatte der Mann gerufen, dass man Monsignore Mattlin verständigen solle. Monthey konnte sich zu keiner Entscheidung durchringen. War es richtig, das zu melden? Oder würde er damit nur Verwirrung stiften und die Ermittlungen verzögern und somit genau das tun, was der Attentäter beabsichtigt hatte?

Um kurz nach dreiundzwanzig Uhr hatte man sich im Apostolischen Palast schließlich auf eine Erklärung geeinigt, die sich nur auf die gesicherten Fakten konzentrierte. Der Direktor des Pressebüros des Heiligen Stuhls, Diego Vazquez, stellte sich nach mehrmaliger Verschiebung seines angekündigten Statements im Pressesaal des

Vatikan vor die versammelten Journalisten und Kamerateams. Seine Erklärung war kurz und bündig: Gegen zwanzig Uhr dreißig war ein Attentat auf den Kommandanten der Schweizer Garde Oberst Durand unternommen worden. Der Oberst sei dabei sehr schwer verletzt worden und werde zurzeit in der Gemelli-Klinik operiert. Auch der Vizekommandant der Garde Oberstleutnant Brunner sei unter noch ungeklärten Umständen ums Leben gekommen. Die Täter, ein Mann und eine Frau, über deren Identität zurzeit noch keine Informationen vorlägen, seien flüchtig. Weitere Informationen würden zu gegebener Zeit bekanntgegeben. Zum Schluss forderte er alle Journalisten auf, für Durand und Brunner zu beten. Fragen wurden keine zugelassen. Nach nicht einmal zwei Minuten war alles vorbei. Vazquez faltete das Blatt, von dem er die Erklärung abgelesen hatte, ordentlich zusammen, verließ schnellen Schrittes und hoch erhobenen Hauptes den Pressesaal und ließ eine Meute von hektisch durcheinanderrufenden Journalisten zurück.

XXXIV

Cavelli blickte erneut auf seine Armbanduhr. Weitere vier Minuten waren vergangen, seit er zum letzten Mal nachgesehen hatte. Damit waren jetzt insgesamt siebzehn Minuten vergangen, seit Beatrice zu den Waschräumen gegangen war. In elf Minuten fuhr ihr Zug ab und sie mussten bis dahin noch zum Bahnsteig; langsam wurde Cavelli wirklich nervös. Er erhob sich von der Bank und begann, in Richtung der Waschräume zu gehen. Von Zeit zu Zeit warf er einen Blick zurück zur Bank, für den Fall, dass Beatrice auf einem anderen Weg zurückkam. Schließlich stand er vor der Tür des Damenwaschraums. Er wartete einen Moment, dann öffnete er die Tür einen Spalt breit. »Beatrice?«

Keine Antwort.

Cavelli verspürte eine plötzliche Kälte in seinen Eingeweiden. Hier stimmte etwas nicht.

»Tun Sie jetzt nichts Unüberlegtes, Signor Cavelli.«

Die sanfte Stimme hinter sich hatte er schon einmal gehört. Ein weiterer Kälteschauer durchfuhr ihn. Als er sich umdrehte, sah er in zwei Meter Entfernung den Mann mit dem entstellten Gesicht vor sich, zwischen Daumen und Zeigefinger seiner hoch erhobenen linken Hand baumelte ein Gegenstand. »Erkennen Sie das?« Cavelli schluckte, es war Beatrices schmale Armbanduhr.

»Wenn Sie die Dame lebend wiedersehen wollen, sollten Sie jetzt besser mitkommen.« Der Mann machte eine einladende Geste Richtung Seitenausgang. Blitzartig ging Cavelli seine Optionen durch. Sollte er um Hilfe rufen? Hoffen, dass Bahnhofspolizisten auf ihn aufmerksam wurden? Selbst wenn diese sofort kämen, was sollte er ihnen erzählen? Er konnte nichts beweisen, und möglicherweise wurde er – im Gegensatz zu dem anderen Mann – bereits gesucht.

»Ich weiß, was Sie jetzt denken, Signor Cavelli. Soll ich nach der Polizei rufen? Soll ich den Mann niederschlagen? Bevor Sie das versuchen, sollten Sie eins wissen: Ihre Freundin liegt in meinem Wagen. Ihre Hände sind auf dem Rücken gefesselt und Sie hat eine Plastiktüte über dem Kopf, die ich am Hals mit Klebeband zugebunden habe. Es ist eine ziemlich große Tüte, aber für mehr als zehn Minuten reicht die Luft sicher nicht. Eher weniger. Zwei Minuten davon sind schon um. Wir sollten daher keine Zeit verlieren.« Wieder machte er die einladende Geste Richtung Ausgang. Cavelli biss die Zähne zusammen und setzte sich in Bewegung. Nach ein paar Sekunden traten sie in die kühle Nachtluft. Auf der Straße vor dem Bahnhof war es menschenleer.

»Nach links«, befahl Rajiv und deutete auf eine Reihe von geparkten Autos auf der anderen Straßenseite.

»Welcher Wagen ist es?«

»Das werden Sie gleich sehen. Stehenbleiben.«

Cavelli blieb stehen. Sie befanden sich in diesem Moment genau hinter einer großen Mülltonne und waren von der Straße aus nicht zu sehen. Rajiv trat hinter Cavelli und tastete ihn von oben bis unten ab. Offenbar wollte er feststellen, ob er Brunners Pistole bei sich trug. Er machte es gründlich. Cavellis Brieftasche und die Schlüssel ließ er ihm. Denn erstens war er kein Dieb und zweitens würde es die Geschichte von Cavellis Selbstmord unglaubwürdig machen, wenn man annehmen musste, er sei ausgeraubt worden. Schließlich war er zufrieden. »Weitergehen.«

Eine halbe Minute später erreichten sie den schwarzen Van mit den dunklen Scheiben. Rajiv sah sich nach allen Seiten um, dann öffnete er die Seitentür. »Einsteigen.«

Cavelli machte zwei schnelle Schritte vorwärts und erblickte Beatrice. Ihre Hände waren mit Klebeband auf dem Rücken gefesselt und ihre Fußgelenke zusammengebunden. Über ihrem Mund befanden sich ebenfalls Klebebandtreifen. Cavelli konnte gerade noch feststellen, dass sie Gottseidank keine Tüte über dem Kopf hatte, dann wurde ihm schwarz vor Augen und er verlor das Bewusstsein.

XXXV

Seit zehn Minuten raste der schwarze Mercedes-Van auf der Autobahn Richtung Siena. Alle paar Momente warf Rajiv einen Blick in den Rückspiegel, um sich zu überzeugen, dass alles in Ordnung war, was in diesem Fall bedeutete, dass seine beiden Gefangenen immer noch auf dem Boden lagen und sich nicht von ihrer Klebebandfesselung befreit hatten. Mit Missfallen betrachtete er zum wiederholten Male das Objekt, das am Spiegel baumelte, die Plakette des Heiligen Christopherus, dem Schutzpatron der Reisenden und somit auch der Autofahrer. Es war der bekannteste Heilige überhaupt, der Heilige, den auch viele Menschen in ihrem Wagen hatten, die eigentlich gar nicht gläubig waren. Sie sahen die Plakette eher wie einen Glücksbringer an. Die Ironie bestand darin, dass ausgerechnet diesem populärsten unter den Heiligen, im Gegensatz zu allen anderen, gar keine reale Person zugrunde lag und die Katholische Kirche ihn aus ihrem Verzeichnis der Heiligen längst gestrichen hatte. Es gab nur diverse Legenden. Folglich konnte die

Plakette auch nichts nützen. Rajiv verachtete alle, die eine solche Plakette besaßen, sie hätten genauso gut eine Hasenpfote oder ein vierblättriges Kleeblatt mit sich führen können. Was um Himmels willen sprach denn dagegen, ein simples Avemaria zu beten? So viel Unvernunft ging über seinen Horizont und machte ihn ärgerlich. Mit einem Ruck riss er die Plakette ab, warf sie in den Fußraum des Beifahrersitzes und konzentrierte sich auf das, was nun zu tun war. Nach wie vor würde die ursprüngliche Geschichte noch funktionieren: Cavelli hatte seine untreue Geliebte in einem Anfall von Eifersucht erwürgt und sich dann selbst erhängt. Die Zelle unter der Glaubenskongregation wäre der perfekte Ort dafür gewesen, nun, unter diesen improvisierten Umständen würde es etwas schwieriger werden, eine glaubwürdige Situation zu erfinden. Rajiv erwog, es auf einem leeren Rastplatz an der Autobahn zu tun, doch dann wurde ihm klar, dass dieser Plan einen gewaltigen Fehler aufwies. Wenn beide tot waren, wo war dann das Auto, mit dem sie hergekommen waren? Waren sie etwa per Anhalter gekommen? Welche Anhalter steigen mitten in der Nacht auf einem dunklen Rastplatz im Wald aus, ohne dass der Fahrer das äußerst merkwürdig findet und sich später an diese seltsamen Fahrgäste erinnert? Nein, das Ganze roch förmlich nach einem gestellten Szenario. Dann hatte er eine bessere Idee. Eine Raststätte. Hierhin hätten die beiden per Anhalter fahren können und ausgestiegen sein, weil der Fahrer die nächste Abfahrt nehmen wollte.

Cavelli hatte Signora Kingsley auf den hintersten Teil des Parkplatzes – weit weg von dem Restaurant und der Tankstelle – gelockt und sie dort im Wald erwürgt. Ja, das war ein glaubwürdiges … Rajiv trat mit aller Kraft auf die Bremse. Für einen kurzen Moment war er unaufmerksam gewesen und hatte die Bremslichter der Wagen vor ihm nicht gesehen. Er kam nur wenige Zentimeter hinter seinem Vordermann zum Stehen. Sein Herz raste. Dann bemerkte er weiter vorn rote und blaue Blinklichter. Ein Gefühl der Panik durchfuhr ihn. Polizei. War man ihm bereits auf der Spur? Aber wie …? Das konnte nicht sein. Dann beruhigte er sich wieder. Nein, das Ganze hatte nichts mit ihm zu tun. Offenbar gab es einen Unfall. Dort befanden sich bereits Rettungskräfte und die Fahrbahn verengte sich auf eine Spur. Alles war okay. Er musste nur die Nerven behalten. Noch immer stand sein Wagen still. Er griff nach hinten und fischte den Schlafsack hinter dem Beifahrersitz hervor. Dann öffnete er den Reißverschluss von oben nach unten und breitete ihn, so gut es ging, über seinen beiden Gefangenen aus. Sowohl Cavelli als auch die Kingsley gaben erstickte Geräusche des Protests von sich. Rajiv zog die Groza-Waffe aus der Tasche und hielt sie hoch. »Kein Wort! Sonst …!« Er sah die beiden drohend an. Dann zupfte er den Schlafsack weiter zurecht, bis die beiden fast vollständig verdeckt waren. Die Lichthupe seines Hintermannes ließ ihn zusammenfahren wie ein Reh im Scheinwerferlicht. Offenbar ging es wieder ein Stück weiter. Rajiv gab hektisch Gas und der Wagen machte einen Satz nach vorn. Nach dreißig Metern kam die Schlange erneut zum Stehen. Rajiv biss sich auf die Unterlippe. Die Lichthupe hatte ihn in volles Licht getaucht. Ob der Hintermann etwas Verdächtiges gesehen hatte? Nein, wahrscheinlich nicht, Rajiv hatte nur den Schlafsack zurechtgezupft. Viele Fahrer griffen im Stau nach hinten in den Wagen, um etwas zu holen, das war ganz normal. Er drehte das Radio an und suchte einen Sender mit klassischer Musik. Die Digitalanzeige verriet ihm, dass es sich um das Klavierkonzert Nr. 7 in G-Dur, BWV 1058 von J.S. Bach handelte. Es war überhaupt nicht sein Geschmack, aber während er an der Polizei vorbeiführe, würde es etwaige Geräusche der beiden Gefangenen übertönen und falls er aus irgendeinem Grund das Fenster herunterlassen und mit der Polizei sprechen müsste, war diese Musik genau das Richtige, um Harmlosigkeit und Seriosität auszustrahlen.

Es dauerte fast siebzig Minuten, bis er die Unfallstelle erreichte. Auf dem linken Fahrstreifen befanden sich zwei schwer beschädigte Wagen, der eine lag auf dem Dach, der andere auf der Seite. Eine schwarze Bremsspur kündete von dem erfolglosen Versuch, in letzter Sekunde das Schlimmste zu verhüten. Außerdem sah Rajiv einen Hubschrauber, ein Fahrzeug der Feuerwehr und einen Polizeiwagen. Alle Einsatzkräfte waren voll beschäftigt und niemand interessierte sich für die im Schritttempo vorbeirollenden Autos. Rajiv bekreuzigte sich und sandte

Genesungswünsche für die Unfallopfer zur Jungfrau Maria. Er widerstand der Versuchung, auf die Unfallstelle zu blicken. Das Letzte, was er jetzt gebrauchen konnte, war Aufmerksamkeit zu erregen, indem er seinem Vordermann hinten drauffuhr. Endlich war er durch den Engpass hindurch und ein paar Sekunden später hatte er wieder sein volles Reisetempo erreicht. Wie bestellt, tauchte ein Schild auf, das in drei Kilometern eine Raststätte ankündigte. Rajiv überlegte, wie er *es* tun würde. Er entschied sich dagegen, die beiden im Auto zu erwürgen und dann in den Wald an der Raststätte zu schaffen. Die Spurensicherung der Polizei war durchaus in der Lage, dies zu rekonstruieren. Er überlegte, wie Cavelli es wohl machen würde. Unter einem Vorwand würde er die Frau, der gar nicht klar war, dass ihr Leben in Gefahr war, in diese dunkle Ecke des Parkplatzes lotsen und sie dort erwürgen, dann würde er ein paar Meter weit in den Wald gehen und sich mit seinem Gürtel erhängen. Das war das gut nachvollziehbare Szenario, das die Polizei vorfinden würde.

Ein Schild verkündete, dass es noch fünfhundert Meter bis zur Raststelle waren, Rajiv setzte den Blinker und lenkte den Van auf den Abfahrtstreifen. Er entschied, dass er den Mann zuerst töten würde. Er würde ihn mit vorgehaltener Waffe in den Wald führen, ihn erhängen und dann das Klebeband um seine Handgelenke entfernen. Es war nur zu hoffen, dass der Mann auf dem Weg in den Wald keinen Ärger machte. Kampfspuren mussten vermieden werden. Anschließend würde er die Frau in der Nähe des Vans erdrosseln und dort liegen lassen. In mäßigem Tempo fuhr er auf den Rastplatz, ignorierte die Tankstelle und das Restaurant und fuhr immer weiter, bis er das Ende des Parkplatzes erreicht hatte. Hier standen nur ein paar LKWs mit Anhänger, deren Fahrer vermutlich in ihren Kojen schliefen. Er parkte ganz außen, nur ein paar Meter neben dem Waldrand, und atmete tief durch. Es war soweit. Er stieg aus und ging um den Van herum. Irgendetwas störte ihn, ein Gedanke, der ihn wie eine lästige Fliege umschwärmte, den er aber nicht klar zu fassen kriegte. Mit einem entschlossenen Ruck öffnete er die Schiebetür und sah auf seine beiden Gefangenen herunter.

Dann traf es ihn. Die beiden hatten mit Oberst Durand gesprochen. Die Frage war, worum es dabei gegangen war. Hatte ihnen Durand womöglich von seinen Plänen gegen die Töchter Marias erzählt? Falls ja, waren die beiden die einzige Möglichkeit zu erfahren, ob er bereits etwas in die Wege geleitet hatte, und wenn ja, was. Tochter Maria musste das wissen, um nötigenfalls weitere Gegenmaßnahmen planen zu können. Rajiv fasste einen Entschluss: Die beiden würden nach wie vor sterben, aber zuerst würde er sie befragen, um alles aus ihnen herauszukriegen, was sie wussten. Allerdings nicht hier. Dafür brauchte er einen ruhigen Ort, wo ihn niemand stören würde.

Leise ließ er die Tür zurück ins Schloss gleiten und setzte sich wieder ans Steuer. Dreißig Sekunden später befand er sich wieder auf der Autobahn. Das blaue Schild am Straßenrand verriet ihm, dass es noch achtundneunzig Kilometer bis Siena waren.

XXXVI

Endlich lag Concepción im Bett. Die kleine Zelle in dem Wohnheim der Töchter Marias in Rom war mehr als schlicht. Gerade mal acht Quadratmeter groß, ein schmales Bett, ein kleiner Tisch, ein Stuhl, der gleichzeitig als Nachttisch diente, eine Kommode und ein Schrank, damit war praktisch schon alles voll. An der Wand ein Druck der Jungfrau Maria in einem goldfarbenen Plastikrahmen, wie man ihn in jedem Devotionalienladen für ein paar Euro kaufen konnte. Maria kannte das Bild nur zu gut. Das gleiche Modell hing auch in allen Zelten ihres Camps in Chuquisaca.

Solange Concepción denken konnte, hatte sie die Jungfrau Maria verehrt. Zwei Jahre, bevor sie den Töchtern Marias beigetreten war, zu dieser Zeit hatte sie noch als Kindergärtnerin gearbeitet, hatten ihr ihre Eltern zum Geburtstag einen Herzenswunsch erfüllt und ihr eine Reise in die Türkei nach Ephesos finanziert, wo sie das Haus besichtigt hatte, in dem die Mutter Gottes ihre letzten Lebensjahre verbracht hatte und auch gestorben war.

Es war einer der Höhepunkte ihres Lebens gewesen und sie war ihren Eltern, die sich diese Reise ihrer Tochter vom Munde abgespart hatten, immer noch dafür dankbar.

Morgen standen Concepción zwei weitere Lebenshöhepunkte bevor. Sie hatte ihre ganzen Ersparnisse zusammengenommen und alles genau ausgerechnet. Ihr Treffen mit Maria Crespo war für acht Uhr morgens angesetzt. Selbst wenn es drei Stunden dauern sollte, würde sie den Zug um elf Uhr neunundfünfzig von Siena nach Loreto rechtzeitig erreichen. Um fünfzehn Uhr zwanzig würde sie in dem kleinen Wallfahrtsort an der italienischen Ostküste eintreffen und dann konnte sie das größte Heiligtum überhaupt besichtigen: das Heilige Haus. Das Haus, in dem die Jungfrau Maria in Nazareth gelebt hatte.

In der Nacht vom neunten auf den zehnten Dezember 1294 war es von Engeln durch die Luft nach Loreto gebracht worden. Und dies war keine Fälschung, wie viele andere christliche Orte oder Reliquien. Die Steine des Hauses waren die gleichen wie die der Verkündigungskirche in Nazareth, Mörtel und Bautechnik entsprachen der Bautechnik der Nabatäer in Nazareth, an den Wänden befand sich hebräische Graffiti aus dem fünften Jahrhundert und überdies passte das Haus exakt in die Nische in Nazareth, wo es vorher gestanden hatte. Sogar persönlichen Besitz der Muttergottes konnte man dort besichtigen.

Inzwischen war das Heilige Haus von einer prächtigen Basilika umbaut worden und wurde von Millionen Pilgern besucht.

Concepción konnte es kaum erwarten, diesen heiligen Ort mit eigenen Augen zu sehen.

Anschließend würde sie mit dem Zug zurück nach Rom fahren, wo sie aufgrund der extrem ungünstigen Verbindung, die mit mehrmaligem Umsteigen und langen Warteaufenthalten auf diversen Bahnhöfen verbunden war, erst im Morgengrauen eintreffen würde, aber immer noch früh genug, um eine weitere Transportmaschine nach Sucre zu erreichen.

Zu ihrer eigenen Überraschung bemerkte Concepción, dass sie sich auf die Audienz bei Tochter Maria weniger freute. Das vorherrschende Gefühl war Angst. Wer war sie schon, dieser Frau gegenüberzutreten. Ein ganz kleines Rädchen in einem riesigen Getriebe. Irgendwie hatte sie Tochter Maria immer wie eine große Schwester gesehen. Sie beide verehrten die Muttergottes und arbeiteten für die Armen und Kranken, ja, sie hatten sogar denselben Namen. Concepción – Concetta. Beides bedeutete Empfängnis, nur in verschiedenen Sprachen. Doch jetzt, wo das Treffen immer näher rückte, wurde ihr klar, dass sie Welten trennten. Sie dachte an das Geschenk, das sie ihr überreichen wollte, eine kleine Schale aus Marienglas. Marienglas war ein durchsichtiges Mineral, das man früher als Glasersatz zum Schutz von Marienbildnissen eingesetzt hatte. Concepción hatte es für ein passendes und originelles Geschenk gehalten. Nun kam es ihr auf einmal klein und armselig vor. Wieder und wieder ging sie in Gedanken durch, was sie zu Tochter Maria sagen wollte, und jedes Mal kam sie sich dabei linkischer und dümmer vor.

Es war bereits drei Uhr nachts, als sie endlich in einen unruhigen Schlaf fiel.

XXXVII

Cavelli konnte seine Arme nicht mehr spüren. In seinen Schläfen hämmerte es. Sein Nacken schmerzte. Das Letzte, an das er sich erinnern konnte, war, dass er mit dem hässlich entstellten Mann zu dessen Wagen gegangen war und er darin Beatrice hatte liegen sehen. Mit Klebeband gefesselt. Dann hatte er einen dumpfen Schmerz gespürt. Irgendwann war er wieder aufgewacht und hatte sich in dem fahrenden Wagen befunden. Das Erste, was er gesehen hatte, waren Beatrices Augen. Sie glitzerten im Dunkeln und waren auf ihn gerichtet. Offenbar hatte sie die ganze Zeit voller Angst darauf gewartet, dass er erwachte oder vielleicht sogar, *ob* er wieder erwachte. Er hätte ihr gern etwas Beruhigendes gesagt oder ihre Hand genommen, aber ihre Hände und Münder waren mit Klebeband verschnürt. Wahrscheinlich hätte er sowieso kaum ein Wort rausbekommen. Sie hatten seit etlichen Stunden nichts getrunken und seine Kehle war ausgetrocknet. Das Einzige, was er tun konnte, war, mühsam etwas näher an sie heranzurücken und seine Stirn gegen die ihre zu legen. Sie hatte den Druck erwidert. Als Nächstes versuchte er, sich zu orientieren. Dem Tempo des Wagens nach zu urteilen, befanden sie sich auf der Autobahn. Außer ihnen beiden und dem Fahrer war sonst niemand im Fahrzeug. Sie hatten es also nur mit einer Person zu tun. Zumindest *das* war eine gute Nachricht. Wenn auch keine *sehr* gute, aber Cavelli war entschlossen, sich an jeden noch so kleinen Hoffnungsstrohhalm zu klammern. Hoffnung war das Wichtigste. Hoffnung ließ einen in den verzweifeltsten Situationen durchhalten und diese Situation *war* eindeutig verzweifelt. Der Mann mit dem entstellten Gesicht hatte in der Zelle im Vatikan bereits damit begonnen gehabt, Beatrice zu erdrosseln. Nur dadurch, dass Cavelli Brunners Waffe zu fassen bekommen hatte, war Schlimmeres zu verhindern gewesen. Und nun befanden sie sich erneut in der Gewalt dieses gefährlichen Mannes. Die Aussichten, diese Nacht zu überleben, standen ganz und gar nicht gut. Oder vielleicht doch? Immerhin hatte er es noch nicht getan, obwohl er sicher schon die Gelegenheit dazu gehabt hätte. Hatte er es sich vielleicht anders überlegt? Oder wartete er nur auf den richtigen Moment? Dann waren sie in den Stau geraten. Cavelli hatte in der Ferne das blaue Flackern eines Polizeisignallichts gesehen und etwas Hoffnung geschöpft, doch die hatte sich bald zerschlagen. Und schließlich waren sie auf einen Rastplatz gefahren. Der Mann hatte die Tür geöffnet und Cavelli hatte gewusst, dass es nun soweit war. Auch

Beatrice hatte es gewusst, das hatte er an der Panik in ihren Augen gesehen. Die Sekunden, in denen sie mitansehen mussten, wie der Mann auf sie beide herabgeblickt und ohne eine erkennbare Gefühlsregung nachgedacht hatte, gehörten zu den entsetzlichsten seines ganzen Lebens. Irgendetwas hatte den Mann dann dazu gebracht, sie nicht zu töten, aber inzwischen war Cavelli sicher, dass es geschehen würde, nur eben unter Umständen, die dem Mann wohl günstiger erschienen. Cavelli erhaschte einen Blick auf ein blaues Schild. »SIENA 11«. Dahin ging es also. Er hatte die Stadt immer geliebt. Der Piazza del Campo, dieser Platz, der wie eine flache runde Schale geformt und komplett von alten Backsteinhäusern umgeben war, besaß eine besondere Atmosphäre, die einzigartig war und in ihm immer ein geradezu kindliches Gefühl von Geborgenheit ausgelöst hatte. Solange man sich auf diesem Platz aufhielt, konnte einem der Rest der Welt ganz egal sein. Nirgendwo auf der Welt hatte er sich je so sicher gefühlt und nun würden er und Beatrice wahrscheinlich in Siena sterben.

Das war eine Ironie, der Cavelli nicht allzu viel abgewinnen konnte.

XXXVIII

Langsam glitt der schwarze Van durch die engen Straßen von Sienas Altstadt. Normalerweise waren sie Fußgängern vorbehalten und nur Anwohner mit einem speziellen Ausweis durften hier fahren, aber um diese Uhrzeit, mitten in der Nacht, scherte sich niemand darum. Rajiv hatte ohnehin keine Wahl, er musste bis zur Hauptzentrale der Töchter Marias und dort in die Tiefgarage fahren. Schließlich konnte er seine Gefangenen nicht in aller Öffentlichkeit mit vorgehaltener Waffe durch die Gegend treiben. Er hoffte nur, dass er das Richtige tat und dass er wirklich im Sinne von Tochter Maria handelte, wenn er die Gefangenen in die Zentrale brachte, um sie zu verhören. Aber welche Wahl hatte er denn? Ein anderer Ort war auf die Schnelle nicht aufzutreiben und wenn man die beiden verhören wollte, um herauszufinden, ob und falls ja, *was* Oberst Durand ihnen gesagt hatte, war der Zeitfaktor entscheidend.

Rajiv griff in seine Jackentasche und überzeugte sich, dass er tatsächlich den Akku aus seinem Handy herausgenommen hatte. Tochter Maria legte allergrößten Wert auf Sicherheit und dass nie etwas, das geheim bleiben musste, bis zu ihr zurückverfolgt werden konnte. Falls man ihn aus irgendeinem Grund verhaftete, würde niemand beweisen können, dass sie Kontakt mit ihm gehabt hatte. Und er selbst würde eher sterben, als etwas zu gestehen, was ihr Schwierigkeiten bereiten könnte.

Zwei Minuten später hatte er die Zentrale erreicht. Ein fünfstöckiges Bürogebäude, ganz in der Nähe des Piazza del Campo. Rajiv fuhr bis an das Gitter der Tiefgarage heran, ließ die Seitenscheibe des Vans herunter und tippte einen vierstelligen Code in die in einer eckigen Säule untergebrachte Tastatur ein. Quietschend glitt das Gitter nach oben und Rajiv fuhr in das Parkhaus, während er im Rückspiegel beobachtete, wie sich das Gitter wieder schloss. Er wusste, wohin er musste. Ganz nach unten.

Nach einer Minute erreichte er ein zweites Gitter, das er mit einem weiteren Code öffnete. Dieser Teil der Tiefgarage war für die Öffentlichkeit und auch für die normalen Angestellten gesperrt. Mit Erleichterung nahm er zur Kenntnis, wie sich auch dieses Gitter hinter dem Van schloss. Es war geschafft. Niemand hatte ihn gesehen.

Er parkte den Wagen, zog den Schlüssel ab und ging zu einem Wandtelefon, um Tochter Maria anzurufen, die eine Wohnung im obersten Stock des Gebäudes bewohnte.

Angeblich war diese Wohnung mit märchenhaftem Luxus ausgestattet, doch Rajiv war sicher, dass es sich bei dieser Behauptung um üble Nachrede von irgendwelchen Neidern handelte. Seine Hand zitterte, als er die Nummer tippte. Er weckte Tochter Maria nicht nur mitten in der Nacht auf, er kam auch noch mit schlechten Nachrichten. Er schickte ein Stoßgebet zur Jungfrau Maria, dass sie es verstehen würde. Achtmal tutete es im Hörer und mit jedem Tuten wurde Rajiv ängstlicher, offenbar schlief Tochter Maria tief und er störte nun ihren Schlaf. Er spürte, wie ihm der Schweiß ausbrach. Schließlich hörte er, wie am anderen Ende abgehoben wurde und sich eine sanfte Stimme meldete.

XXXIX

Rajiv brannte darauf, sich zu entschuldigen, zu erklären, warum nicht alles so abgelaufen war, wie es vorgesehen war, doch er wusste, dass dies noch warten musste. An einem Telefon – selbst wenn es sich nur um ein Haustelefon handelte – durften solcherlei Dinge nicht besprochen werden. Also sagte er nur – ohne seinen Namen zu nennen – dass es ein Problem gäbe.

»Ich weiß«, sagte die Stimme am anderen Ende.

Rajiv zuckte innerlich zusammen. Wie konnte sie es schon wissen?

»Steig in den Fahrstuhl, fahr in den fünften Stock und warte dort auf mich«, fuhr die Stimme ruhig fort. Dann klickte es und die Leitung war tot.

Rajiv schluckte und sah sich nach dem Fahrstuhl um. Noch immer konnte er es nicht fassen, dass Tochter Maria bereits Bescheid wusste. Hatte sie möglichweise Visionen? Bislang hatte Rajiv dies nicht in Betracht gezogen, aber nun hielt er es für durchaus möglich. Er überlegte. Sollte er die Gefangenen im Van lassen? Wahrscheinlich kam wirklich niemand in dieses Tiefgeschoss, aber konnte man sicher sein? Ein Wagen, aus dem Geräusche kamen oder der wackelte, weil die beiden versuchten, sich zu befreien, würde sofort auffallen. Erneut sah er sich um. In der Nähe des Vans entdeckte er eine Metalltür. Er ging zu ihr und öffnete sie. Ein leises Brummen schlug ihm entgegen. Er betätigte den Lichtschalter und erblickte dicke Rohre und große Metallgeräte. Offenbar befand sich hier das Heiz- und Lüftungssystem des Gebäudes. Hier würde in absehbarer Zeit niemand reinkommen und die Tür schien sogar ziemlich schalldicht zu sein.

Rajiv ging zurück zum Wagen, holte eine Rolle Klebeband aus dem Handschuhfach und nahm eine mit Leitungswasser befüllte Plastikflasche vom Beifahrersitz. Wenn man die beiden später irgendwo finden würde, konnte es verdächtig wirken, wenn sie dehydriert waren. Dann öffnete er die Schiebetür. Zuerst gab er der Frau zu trinken. Er machte es auf eine Weise, die eher zu einer Krankenschwester gepasst hätte als zu einem Entführer. Sollten die beiden doch ruhig neue Hoffnung auf ein Happy End schöpfen, das würde sie gefügiger machen. Nachdem auch Cavelli getrunken hatte, zog er sein Messer hervor und schnitt das Klebeband um Beatrices Fußgelenke durch. Dann zog er sie aus dem Wagen und führte sie in den Heizungskeller. Er musste sie stützen, weil sie nach der stundenlangen Fesselung kaum laufen konnte. Im Keller befahl er ihr, sich auf den Boden zu setzen, dann verband er das Klebeband an ihren Handgelenken mit einem dünnen Metallrohr, das dicht am Boden die Wand entlanglief. Nachdem er sich von der Solidität dieser Fesselung überzeugt hatte, wiederholte er die ganze Prozedur mit Cavelli. Zufrieden betrachte er sein Werk, das würde eine Weile halten. Er ging zur Tür und knipste das Licht aus. Während er den Heizungskeller verließ, fiel noch ein letzter Lichtstrahl hinein, dann herrschte Dunkelheit.

XL

Rajiv betrat den Fahrstuhl und drückte auf den abgeschabten Knopf mit der Fünf. Im Gegensatz zu vielen anderen Fahrstühlen hatte dieser keinen Spiegel. Solche der Eitelkeit dienenden Dinge hätten nicht zu den Töchtern Marias gepasst, aber in diesem Moment bedauerte es Rajiv. Er war übermüdet und verschwitzt und empfand es als ungebührlich, Tochter Maria in dieser Verfassung gegenüberzutreten. Hastig fuhr er sich mit den Fingern durch seine schwarzen Haare.

Mit einem sanften Ruck kam der Aufzug zum Stehen und die Türen glitten zur Seite. Rajiv trat hinaus. Es war völlig still im Haus und weit und breit war niemand zu sehen. Er blickte nach links den Gang hinunter; die Tür zum Vorzimmer stand offen und durch den Spalt unter der Tür zum Büro Tochter Marias fiel etwas Licht. Er trat an die komplett verglaste Außenwand des Ganges und blickte auf das nächtliche Siena hinunter. In einiger Entfernung sah er den von allen Seiten beleuchteten Dom in seiner ganzen Pracht. Er spürte, wie ihn dieser Anblick aufrichtete. Auch er selbst war ein zwar kleiner, aber auch nicht völlig unbedeutender Teil im großen Plan Gottes. Dann bemerkte er hinter dem erleuchteten Türspalt eine Bewegung. Die Tür öffnete sich. Der Anblick von Tochter Maria, wie sie in ihrem langen Gewand am Ende des dunklen Ganges in der hell erleuchteten Türöffnung stand, hatte etwas Magisches, Rajiv hatte fast das Gefühl, einen Heiligenschein um ihren Kopf wahrnehmen zu können. Einen Moment stand sie nur da, Rajiv wagte nicht, sich zu rühren, er beugte nur demütig das Haupt. Im nächsten Augenblick machte Tochter Maria eine Geste, ihr zu folgen, wandte sich um und gleich darauf war sie verschwunden. Rajiv durchquerte das kleine Vorzimmer und betrag ehrfürchtig das riesige Büro. Er war schon mal hier gewesen, aber auch jetzt war er nicht weniger beeindruckt als bei seinem ersten Besuch. Er hätte nicht genau zu sagen gewusst, woran es lag; im Prinzip handelte es sich um ein normales Büro, aber es war von einer besonderen Leichtigkeit durchströmt. Man hatte unwillkürlich das Gefühl, dass es hier weniger um Akten ging als um den Heiligen Geist. Irrte er sich oder roch es hier nach Rosen?

Tochter Maria selbst war nirgendwo zu sehen, allerdings stand in der Wand gegenüber der Bürotür eine weitere, wesentlich kleine Tür offen. Von ihr führte, wie Rajiv wusste, eine steinerne Wendeltreppe bis in den Keller, wo sich Tochter Marias Privatkapelle befand. Ein schwaches Licht schien von unten herauf.

XLI

Rajiv brauchte zwei Minuten, um die enge, spärlich erleuchtete Wendeltreppe hinabzusteigen. Dann befand er sich in der Kapelle. Er beugte das Knie und bekreuzigte sich erneut. Der aus groben Steinen gemauerte Raum war sehr klein, nicht mehr als dreimal vier Meter. Nur das goldene Kreuz über dem schlichten Altar war prächtig. Sechs Stühle, ein Betstuhl mit zerschlissenem Kniepolster, eine geschnitzte Marienstatue und ein Ständer mit brennenden Opferkerzen vervollständigten die Einrichtung. Rajiv hatte gehört, dass der Heilige Vater in seiner Wohnung im Apostolischen Palast auch so eine Minikapelle hatte, in der er jeden Morgen mit den Angehörigen seines Hausstands und gelegentlich auch mit handverlesenen Gästen die Heilige Messe feierte. Rajiv beneidete jene Menschen um diese unglaubliche Erfahrung. Er blinzelte, um sich an die Dunkelheit anzupassen. Ein Fenster gab es hier nicht und das einzige Licht kam von einer kleinen Laterne aus buntem Glas an der Decke und einer Opferkerze, die Tochter Maria offenbar soeben angezündet hatte. Nun stand sie still da und sah ihn an.

»Nun?« Ihr Tonfall war sanft und ihr Mund lächelte gütig, doch ihr Blick war hart und durchdringend. Rajiv spürte, wie seine Beine weich wurden, seine Handflächen waren feucht und sein Mund trocken.

Er räusperte sich. »Die gute Nachricht ist, Oberst Durand ist tot, allerdings …«

»Nein, das ist er keineswegs.« Ihre Stimme klang nun noch sanfter.

Rajiv erbleichte. Das konnte nicht sein. »Aber ich hab selbst gesehen, wie Vizekommandant Brunner ihn erschossen hat«, stammelte er.

»Wie auch immer«, erwiderte Tochter Maria ruhig. »Er ist schwer verletzt, aber er lebt. Er wurde in die Gemelli-Klinik eingeliefert und operiert und dort befindet er sich jetzt.« Sie sah ihn aus großen Augen an.

»Aber ich …« Rajiv wusste nicht, was er sagen wollte. Wie konnte sie das wissen, fragte er sich erneut. Der schlichte Gedanke, dass sie es auf der Website von Radio Vaticana gelesen haben könnte, kam ihm nicht in den Sinn. Letztlich spielte es auch keine Rolle, *woher* sie es wusste, es genügte, *dass* sie es wusste. Und wenn es stimmte, dass Durand noch lebte – obwohl er es immer noch kaum glauben konnte – dann hatte er auf ganzer Linie versagt. Er hatte Tochter Marias Problem nicht nur nicht gelöst, er hatte es gewaltig vergrößert. Wenn dieser Oberst Durand gegen sie arbeitete, dann würde er sich zweifellos auch denken können, wer für den Anschlag verantwortlich war. Er würde Anschuldigungen erheben. Jeden Moment konnte er damit beginnen, wenn er es nicht bereits getan hatte und bereits alles zu spät war. Rajiv verspürte einen Druck in der Brust, der ihm das Atmen schwer machte.

»Ich … ich werde mich darum kümmern«, beeilte er sich zu versichern. »Ich werde sofort Taroun anrufen, er ist noch immer in Rom, er wird …«

»Scht!« Tochter Maria hob die Hand und Rajiv schwieg. »Schon gut, ich bin sicher, dass ich mich auf dich verlassen kann. Geh.«

Rajiv zögerte. Das Engegefühl in seiner Brust verstärkte sich. »Da ist leider noch etwas …«

Tochter Marias Augen verengten sich unmerklich.

»Es gibt da diese zwei Zeugen …«

XLII

Das Hotel in der Nähe des Bahnhofs Termini lag ziemlich weit von allen Touristenattraktionen entfernt. Die Zimmer waren spartanisch mit Möbeln aus den 70er Jahren eingerichtet und die Armaturen im Badezimmer waren verrostet, aber das spielte keine Rolle, denn es war auch die billigste Herberge, die Taroun in Rom hatte finden können und er wollte den Töchtern Marias keine unnötigen Kosten verursachen. Außerdem war dieses Hotel, verglichen mit den Unterkünften, in denen er seine Kindheit und Jugend in Indien verbracht hatte, der reinste Palast. Wie Rajiv war auch er an Lepra erkrankt gewesen, allerdings hatte er Glück gehabt, sein Gesicht sah völlig normal aus, die Behandlung hatte früh genug begonnen.

Er saß auf dem Bett mit der durchgelegenen Matratze und blickte auf den Fernseher. Es lief irgendeine nächtliche Dauerwerbesendung. Taroun achtete gar nicht darauf, er war viel zu sehr mit seinen Gedanken beschäftigt. Es war ein harter Tag gewesen. Vom Morgen bis zum Abend hatte er der Tochter von Vizekommandant Brunner folgen müssen, ohne dass sie etwas davon mitbekam. Glücklicherweise hatte sie sich nach der Schule mit einer Freundin zum Shopping getroffen und war abends mit ihr ins Kino gegangen. Taroun durfte gar nicht daran denken, was stattdessen hätte sein können. Wenn das Mädchen nach der Schule versucht hätte, in den Vatikan zurückzukehren. Das hätte er nicht zulassen können. Er hätte sich irgendetwas einfallen lassen müssen. Etwas, bei dem die Kleine wahrscheinlich nicht unverletzt geblieben wäre.

Und dann war da noch der alte Mann, den Taroun vor den Bus gestoßen hatte. Es war notwendig gewesen, Vizekommandant Brunner die Gefahr, in der seine Tochter schwebte, bildlich vor Augen zu führen, ohne dass sie selbst etwas davon mitbekam, sonst wäre er wohl kaum dazu zu bewegen gewesen, auf seinen Vorgesetzten zu schießen; dennoch fühlte sich Taroun furchtbar. Er sprach ein weiteres Gebet für den alten Mann und hoffte, dass diesem im Himmel das Opfer, das er für ein höheres Wohl erbracht hatte, tausendfach vergolten würde. Immerhin war er nicht umsonst gestorben, denn anscheinend war der Plan – von dem er nur »seinen« Teil kannte – erfolgreich ausgeführt worden. Davon ging er zumindest aus, seit er einige Stunden zuvor den Anruf mit dem vereinbarten Code erhalten hatte, dem Mädchen nicht länger zu folgen. Dennoch: In den nächsten Tagen und Wochen würde er die Ereignisse des heutigen

Tages lange und gewissenhaft durchbeten müssen, um wieder mit sich ins Reine zu kommen.

In seiner über dem einzigen Stuhl im Zimmer aufgehängten Jacke klingelte es. Überrascht blickte Taroun auf. Weshalb klingelte sein Handy? Diese Nummer hatte nur der andere Lazarus-Ritter. Das konnte nichts Gutes bedeuten. Widerwillig erhob er sich vom Bett, fischte das Wegwerfhandy aus der Tasche und meldete sich. Er hatte ein ungutes Gefühl. »Hier ist Salvatore?«

Der Mann am anderen Ende sagte nur sehr wenig, aber es genügte, um Taroun erbleichen zu lassen: »Gemelli-Klinik, Oberst Durand, heute Nacht.«

Dann klickte es in der Leitung.

XLIII

Maria Concetta Crespo stand mit einer Zigarette zwischen den Fingern in der kleinen Kapelle und blickte auf die kunstvoll geschnitzte Marienstatue vor dem Betstuhl.

Die Muttergottes.

Viele Millionen Menschen auf der Welt beteten täglich zu ihr, vertrauten ihr, flehten sie um Wunder an. Diese Narren glaubten tatsächlich, dass diese vor zweitausend Jahren gestorbene Frau die Naturgesetze außer Kraft setzen würde, um irgendwelche banalen Probleme der Gegenwart zu beseitigen. Maria Crespo konnte über solche Naivität nur lachen. Für sie selbst allerdings hatte die Jungfrau Maria unendlich viel getan. Ihr verdankte sie ihren ganzen Reichtum. Dies war aber keinem göttlichen Wunder geschuldet, sondern lediglich der geschickten Ausnutzung der vertrauenswürdigen Marke »Maria«, welcher die Menschen blind vertrauten. Dennoch verspürte Maria Crespo beim Anblick der geschnitzten Statue fast so etwas wie Übelkeit. In ihrem Leben war das Bildnis der Muttergottes allgegenwärtig und täglich führte sie hundertfach ihren Namen im Munde. Anfangs hatte sie es noch genossen, wie leicht es war, die Menschen mit diesen Lügen hinters Licht zu führen, doch inzwischen waren ihr diese so sehr zur zweiten Natur geworden, dass sie zuweilen kaum noch wusste, wer sie selbst war.

Sie nahm einen tiefen Lungenzug und drückte die Zigarette im Auge der Marienstatue aus. Sie musste sich konzentrieren. In diesem Augenblick war dieser Idiot Rajiv dabei, Taroun mit der endgültigen Beseitigung von Oberst Durand zu beauftragen. Natürlich telefonierte er nicht hier im Haus; sie hatte ihn »gebeten«, den Wagen zu nehmen und sich mindestens fünf Kilometer weit zu entfernen. Falls Taroun aus irgendeinem Grund verhaftet würde und man die Anrufe zu seinem Handy überprüfte und auch woher sie gekommen waren, durfte nicht die geringste Spur zu ihr führen.

Dann begann sie, über das nächste Problem nachzudenken, das Rajiv verursacht hatte: die beiden Gefangenen. Die Story, die er sich ausgedacht hatte, war gar nicht mal schlecht: Die Frau hatte eine Affäre mit dem Mann und Oberst Durand. Der krankhaft eifersüchtige Mann schießt auf Brunner, tötet die Frau und dann sich selbst. Das war noch immer realisierbar. Dass Rajiv die beiden hierher zu den Töchtern Marias gebracht hatte, ließ ihr die Zornesröte ins Gesicht steigen. Was für ein enormes Risiko! Allerdings musste sie zugeben, dass er aus den besten Absichten so gehandelt hatte. Die beiden waren bei Durand gewesen, als Brunner auf ihn geschossen hatte. Es bestand in der Tat die Möglichkeit, dass Durand mit ihnen über die Töchter Marias gesprochen und ihnen vielleicht sogar verraten hatte, was er zu unternehmen gedachte. Bei Licht betrachtet eine höchst unwahrscheinliche Möglichkeit, aber Maria Crespo war nicht so weit gekommen, wie sie gekommen war, weil sie sich in Sicherheitsfragen auf ihr Glück verlassen hätte. Ironischerweise hatte gerade ihr extremes Sicherheitsstreben dazu geführt, dass sich die beiden Gefangenen nun hier im Haus befanden. Schließlich hatte sie selbst den Grundsatz ausgegeben, heikle Dinge nur von Angesicht zu Angesicht zu besprechen. Nun war es nicht mehr zu ändern und es galt, nach vorn zu blicken. Sobald Rajiv zurück war, würde er die beiden in die Mangel nehmen. Entweder würde er wertvolle Informationen gewinnen oder es würde sich herausstellen, dass Durand ihnen nichts verraten hatte. Dann würde er die beiden zurück nach Rom bringen und an einer Stelle entsorgen, wo sie schnell gefunden würden. Je schneller man die Leiche des Mannes fand, der offiziell für den Anschlag auf Oberst Durand verantwortlich war, desto früher würden alle Nachforschungen eingestellt werden.

Maria Crespo entzündete ein Teelicht unter einer Messingschale mit Weihrauch und Myrrhe. Hier in der Kapelle war der Geruch von Lucky-Strike-Zigaretten sogar noch unpassender als in ihrem Büro. Ganz plötzlich hatte sie so etwas wie eine Erleuchtung. Ein gänzlich unerwartetes Geschenk, das ihr das Schicksal machte. Eines, von dem sie nie gedacht hätte, dass es überhaupt existieren könnte. Die beiden Gefangenen würden sowieso sterben. Sie konnten ihr vorher noch einen wertvollen Dienst erweisen. Mit einem seltsamen Lächeln auf den Lippen begann Maria Crespo die enge Wendeltreppe nach oben zu steigen.

XLIV

Cavellis Arm schmerzte von dem stahlharten Griff, mit dem ihn der Mann mit dem entstellten Gesicht beim Hereinführen gepackt hatte. Er schätzte, dass er und Beatrice mindestens seit einer halben Stunde in dem Heizungskeller saßen, und noch immer hatten sich seine Augen nicht an die Dunkelheit gewöhnt. Außer dem rotglimmenden Lichtschalter neben der Tür gab es hier kein Licht. Obwohl Beatrice nur wenige Zentimeter neben ihm saß und er ihren Körper spüren konnte, war er nicht in der Lage, sie zu sehen. Auch hören konnte er sie nicht. Die riesigen Geräte um sie herum – wahrscheinlich Heiz- und Klimaanlagen – brummten laut und gaben eine beträchtliche Wärme ab, welche die Luft hier unten stickig machte.

Er wusste nur, dass es seine Schuld war, dass sie sich nun mit ihm in dieser Situation befand. Er hatte sie ja unbedingt überreden müssen, ihn zu der Einladung von Oberst Durand zu begleiten, weil er keine Lust gehabt hatte, allein hinzugehen. Cavelli verfluchte sich für seinen Egoismus, der Beatrice nun wohl das Leben kosten würde.

Sein Gesicht war schweißnass, seine Augen brannten, aber er hatte zumindest festgestellt, dass das Schwitzen auch einen Vorteil hatte. Das Klebeband hatte sich an der linken Seite seines Mundes etwas gelockert. Seit mehreren Minuten versuchte er nun, durch heftiges Grimassieren und durch Dagegenstoßen mit der Zunge das Band weiter zu lösen. Eine ganze Weile hatte er das Gefühl, dass seine Bemühungen völlig vergeblich waren, aber schließlich hatte er es geschafft, das Band hing nur noch mit einer Ecke an seiner Wange. Dann beugte er sich, soweit seine hinter dem Rücken an das Rohr gefesselten Hände es zuließen, zu Beatrice hinüber und machte sich daran, mit den Zähnen das Klebeband vor ihrem Mund zu entfernen. Im ersten Moment war sie erschrocken zusammengezuckt, aber dann hatte sie verstanden, was vorging. Cavelli konnte nichts sehen, aber er spürte, wie sie ihr Gesicht in seine Richtung drehte und sie sich, so gut es ging, zu ihm herüber lehnte. Der pudrige Duft ihrer Gesichtscreme stieg ihm in die Nase. Es stellte sich heraus, dass diese Aktion sogar noch schwieriger zu bewerkstelligen war, als das Klebeband bei sich selbst zu entfernen, aber irgendwann gelang es ihm, das Band zwischen die Zähne zu kriegen und abzureißen. Keuchend schnappte Beatrice nach Luft.

»Lehn dich nach vorne«, forderte Cavelli sie auf, »ich versuche, deine Hände zu befreien.«

»Okay.« Ihre Stimme klang erschöpft.

Cavelli beugte sich erneut zur Seite und versuchte, ihre Fesselung mit den Zähnen zu erreichen. Er merkte schnell, dass es aussichtslos war, er kam einfach nicht weit genug runter. »Es geht nicht«, ächzte er.

»Lass mich es bei dir versuchen, Don.«

Cavelli lehnte sich vor und einige Sekunden später spürte er Beatrices Gesicht und ihre Zähne an seinen Handgelenken. Minute um Minute mühte sie sich ab, ohne dass er das Gefühl hatte, dass es etwas nützte. Dann, plötzlich, merkte er, dass sich etwas lockerte. Nicht viel, aber immerhin ein bisschen. Er spürte, dass sein Herz schneller schlug. Das Schwierigste war geschafft. Jetzt war es nur noch eine Frage von wenigen Minuten, bis …

Das Deckenlicht war so hell, dass es in den Augen wehtat. Er kniff die Augen zusammen und wandte sich ab. Der Mann mit dem entstellten Gesicht stand in der Tür und blickte auf sie hinunter. In seiner Hand blitzte ein Messer. »Es gibt einiges zu besprechen.«

XLV

Es war kurz nach drei in der Nacht. Die Flure der Gemelli-Klinik lagen im Halbdunkeln, nur dann, wenn jemand vom Pflegepersonal oder ein Arzt eilig zu einem der Krankenzimmer lief, ließen die Bewegungssensoren das unangenehme Neonlicht der Deckenbeleuchtung aufflammen.

Hellebardier Elias Monthey blickte auf den Gardisten Flury, der ihm gegenüber auf einem der unbequemen Plastikstühle saß und herzhaft gähnte. Immerhin mussten sie nicht stehen. Niemand interessierte sich hier für sie.

An den typischen Krankenhausgeruch hatte Monthey sich inzwischen gewöhnt, aber genau wie sein Kollege wurde er mit jedem Moment, den er hier untätig rumsaß, müder.

Er hatte nach seinem außerplanmäßigen Dienst an der Porta Sant'Anna nur knapp zwei Stunden geschlafen, als man ihn und einige andere Gardisten geweckt hatte. Man suchte Freiwillige, welche die Nachtwache vor dem

Krankenzimmer von Oberst Durand übernehmen würden, denn schließlich waren die beiden Attentäter flüchtig und es konnte nicht ausgeschlossen werden, dass sie es erneut versuchen würden.

Obwohl Monthey todmüde gewesen war, hatte er sich sofort gemeldet. Er konnte nichts dafür, dass die beiden Attentäter auf Oberst Durand geschossen und dann Vizekommandant Brunner ermordet hatten und schließlich aus der Zelle unter der Glaubenskongregation geflohen waren. Im Gegenteil, *er* war es gewesen, der die beiden direkt nach dem Attentat auf Oberst Durand dingfest gemacht hatte, aber dennoch: Durch seine Beteiligung an vorderster Front während der dramatischen Vorgänge der letzten Stunde fühlte er sich in besonderer Weise verantwortlich, sein Bestes zu geben. Es war tragisch genug, dass Brunner tot und Durand schwer verletzt war. Er wusste zwar nicht, um wen es sich handelte, aber irgendjemand im Vatikan musste einen schweren Fehler begangen haben, anders war nicht erklärbar, wie es soweit hatte kommen können, er wusste nur eins, *er* würde seinen Dienst hundertzehnprozentig erfüllen und nichts würde ihn davon abbringen. Er war jung, loyal, gut ausgebildet und tapfer. Das traf zweifellos auch auf die meisten anderen Gardisten zu, aber da war noch etwas, etwas, das er – gemeinsam mit sechs anderen – den übrigen Gardisten voraus hatte: Er hatte die Gesichter der beiden Attentäter gesehen. Wenn sie es tatsächlich wagen sollten, hier aufzutauchen, würde er sie augenblicklich erkennen. Und dann würde er sie unschädlich machen.

Er tastete zum wiederholten Male nach der Glock 19 in dem verborgenen Halfter unter seiner Jacke und bewegte sie übungsweise dreimal ein Stück vor und zurück. Beim letzten Mal, als er sie hatte ziehen wollen, hatte sie sich verhakt gehabt. Das würde ihm nicht nochmal passieren.

XLVI

Rajiv knipste das Licht an und schloss hinter sich die schwere Stahltür des Heizungskellers. Dann näherte er sich seinen Gefangenen. Sein Auftrag war klar und simpel: feststellen, ob Oberst Durand mit ihnen über Tochter Maria gesprochen hatte und falls ja, was genau dabei besprochen worden war.

Und dies schnell, es durfte keine Zeit verloren werden, buchstäblich jede Minute zählte.

Die Frage, die sich stellte, war die nach der richtigen Methode, es aus ihnen herauszubekommen. Es war davon auszugehen, dass die beiden lügen würden, wenn sie sich davon eine Verbesserung ihrer Situation versprachen. Der Gedanke, sie foltern zu müssen, behagte Rajiv ganz und gar nicht. Das war etwas für Sadisten und er war kein Sadist. Einmal – vor einigen Monaten – war es schon fast soweit gewesen, dass er es hätte tun müssen, zum Glück war es dann doch nicht dazu gekommen.

Er wusste, dass er es tun würde, wenn es keinen anderen Weg gab, aber im Falle dieser beiden war ihm nach einigem Überlegen ein sehr viel humanerer Weg eingefallen.

Langsam ging er auf die beiden zu und baute sich vor ihnen auf. Irgendwie hatten sie es geschafft, das Klebeband über ihrem Mund loszuwerden, aber das spielte keine Rolle. »Sie werden beide heute Nacht sterben«, verkündete er schlicht. »Doch zuvor sollen Sie mir einige Fragen beantworten. Je länger Sie mir also etwas zu erzählen haben, desto länger werden Sie leben.« Er schwieg und stellte mit Befriedigung fest, dass seine Worte den beabsichtigten Schrecken bei den beiden Gefangenen erzeugt hatten. Er wartete einige Sekunden, damit sich dieses Gefühl richtig ausbreiten konnte. Dann fuhr er fort. »Also, worüber hat Oberst Durand mit Ihnen beiden gesprochen?«

In Cavellis Hirn raste es. Nichts von dem, was Durand ihnen bei ihrem Besuch erzählt hatte, konnte für irgendjemanden von Interesse sein. Es war nichts als Smalltalk und eine Menge über Vatikansehenswürdigkeiten gewesen. Was also wollte der Mann mit dem entstellten Gesicht hören? Das Allerdringlichste war jetzt, erstmal Zeit zu gewinnen und mit dem Mann ins Gespräch zu kommen. Vielleicht würde er dabei erkennen lassen, worum es eigentlich ging. Cavelli versuchte seine Chancen abzuschätzen. Sollte er sich schnell irgendeine Geschichte einfallen lassen? Irgendetwas mit dem Passetto? Zumindest das war doch irgendwie geheim und konnte für

Leute, die Übles planten, von Interesse sein. Nein, wenn er falsch lag, konnte dieses Gespräch sehr schnell vorbei sein.

»Oberst Durand hat uns einige hochinteressante Dinge erzählt«, improvisierte er, »aber er hat uns verboten, darüber zu sprechen.«

»Durand ist tot«, erwiderte Rajiv kühl. »Reden Sie.«

»Nicht, bis ich weiß, wer Sie eigentlich sind.«

Rajiv trat näher. Dann kniete er sich vor Beatrice und blickte zu Cavelli. »Ich bin der, der Ihrer Freundin ein Auge rausschneidet, wenn Sie nicht innerhalb von drei Sekunden meine Frage beantworten.« Er hob das Messer. »Drei, zwei …«

XLVII

Es war halb vier Uhr morgens und Taroun konnte nur noch mit Mühe seine Augen offenhalten. Als der Anruf gekommen war, hatte er die beiden Pepsi-Colas aus der Minibar getrunken, das hatte ihm einen Kräfteschub verliehen, aber nun ließ die Wirkung des Koffeins bereits wieder nach. Er stand an einer Kreuzung vor einer Ampel, blickte wütend auf das rote Licht und kam sich wie ein Idiot vor. In keiner Richtung war auch nur in der Ferne ein weiterer Wagen zu sehen. Aber man konnte nie wissen. Da er kein Taxi nehmen wollte, dessen Fahrer ihn später hätte identifizieren können, und er nicht wusste, wie man ein modernes Fahrzeug knackte, hatte er einen alten VW-Bus aufgebrochen und kurzgeschlossen. Wenn ihn die Polizei wegen eines Verkehrsvergehens anhielt, war es aus.

»Komm schon!«, schnauzte er die Ampel ein, die tatsächlich ein Einsehen zu haben schien und auf Grün schaltete. Taroun gab Gas und drei Minuten später lenkte er den Wagen auf den fast völlig verwaisten Parkplatz der

Gemelli-Klinik. Er suchte sich die dunkelste Ecke und hielt an. Dann stieg er aus und betrachtete das Klinikgebäude.

Der Befehl war völlig klar: Oberst Durand finden und töten. Noch in dieser Nacht. Und zwar auf eine Weise, die niemanden einen Mord vermuten ließ. Taroun bekreuzigte sich.

Sein Auftrag grenzte ans Unmögliche.

DRITTES BUCH

XLVIII

Als Rajiv den Heizungskeller wieder verließ, prallte er erschrocken zurück.

Vor ihm stand Tochter Maria. Es war nicht ihr unerwartetes Auftauchen, das ihn so zusammenfahren ließ, es war ihre Anwesenheit in einer Tiefgarage. Das wirkte in etwa so passend, wie wenn der Heilige Vater plötzlich bei McDonald's Hamburger verkauft hätte. Es kam ihm grotesk vor, fast schon blasphemisch.

»Nun?«

Wieder traf ihn ein Blick, der direkt bis in seine Seele vorzudringen schien.

Rajiv schüttelte den Kopf. »Die beiden wissen absolut nichts.«

»Bist du sicher?«

Er nickte eifrig. »Ja, es wäre in ihrem Interesse gewesen, mir etwas zu erzählen, aber es gab einfach nichts.« Er senkte seine Stimme. »Durand hat ihnen nichts verraten.«

Tochter Marias Gesicht war undurchdringlich, aber

ein tiefer Atemzug der Erleichterung durchströmte ihren ganzen Körper.

Ihr Mund verzog sich zu einem knappen Lächeln. »Gut. Warte hier, bis ich dich rufe.«

Rajiv nickte stumm.

Maria Crespo trat an die Tür und legte die Hand auf die Klinke.

Sie zögerte.

War es verrückt, was sie vorhatte? Nein, ganz und gar nicht. Als sie ein Kind und noch gläubig gewesen war, hatte sie dem lieben Gott – wenn ihre neugierige Mutter das Zimmer endlich verlassen hatte – ihre *wahren* Sünden gebeichtet und jedes Mal hatte sie hinterher eine Erleichterung verspürt. Selbst nach ihrer Kommunion, als sie bereits begann, sich von der Kirche zu lösen, hatte ihr das Bekennen ihrer Sünden im Beichtstuhl Erleichterung verschafft. Dies war vielleicht das einzige echte Wunder, das die Katholische Kirche je hervorgebracht hatte. Man betrat den Beichtstuhl mit schlechtem Gewissen und wenn man ihn verließ, fühlte man sich gereinigt. Alles war vergeben; es war, als hätte es niemals stattgefunden. Der magische Reset-Knopf für die Seele.

Doch je mehr Maria auf die schiefe Bahn geraten war, desto mehr hatte sie ihren Beichtvater angelogen. Sie beichtete nur noch harmlose und meist erfundene Sünden; die tatsächlichen behielt sie für sich; sie waren zu gravierend und sie traute den Priestern nicht. Zwar gab es das heilige Beichtgeheimnis, aber Maria konnte nicht zulassen, dass diese Männer, mit denen sie täglich zu tun hatte, ihren wahren Charakter kennenlernten. Die katholischen Jugendgruppen, in denen sie tätig war, ließen sich allzu gut zum eigenen Vorteil missbrauchen, das wollte sie auf keinen Fall gefährden.

Im Übrigen hatte sie den ganzen Schwindel inzwischen längst durchschaut, es gab keinen Gott und somit auch keine Vergebung.

Kurz danach hatte sie sich darauf verlegt, in fremden Diözesen ihre speziellen Beichten abzulegen, mit denen sie zartbesaitete Priester absichtlich in Verlegenheit brachte.

Das alles lag natürlich lange zurück, erfundene sexuelle Begegnungen beichtete sie schon lange nicht mehr, dafür war sie viel zu bekannt, sie beichtete jeden Sonntag vor der Messe im Dom zu Siena, wobei ihre Sünden zu einhundert Prozent erfunden und harmlos waren. Die Sünden einer Heiligen. Es gehörte als Imagepflege zu ihrer Arbeit.

Doch manchmal dachte sie an ihre Kindheit zurück. Alles war soviel einfacher gewesen als heute. Seit Jahren vertraute sie niemandem mehr und täuschte jeden, mit dem sie zu tun hatte. Maria konnte sich kaum noch erinnern, wann sie das letzte Mal die Wahrheit gesagt hatte. Sie war sehr gut in dem, was sie tat. Niemand kannte ihre Geheimnisse, niemand hegte auch nur den geringsten Verdacht. Ihre Tarnung war perfekt und doch häuften sich die Momente, in denen sie am liebsten alles herausgeschrien hätte. Nur *einmal* die Maske fallen lassen, nur *einmal* sie selbst sein, und sei es auch nur für eine Stunde, und all der Druck, der auf ihrer Seele lastete, würde sich in Nichts auflösen. Doch es war undenkbar, sich jemandem anzuvertrauen und so ihr ganzes Geschick in die Hände dieser Person zu legen.

Heute Nacht jedoch bot sich eine ganz einmalige Gelegenheit. Wenn ihr nicht bewusst gewesen wäre, dass der ganze Glaubenskram Blödsinn war, hätte sie sich versucht gefühlt, zu sagen, der Himmel hatte ihr dieses Pärchen geschickt.

Heute Nacht würde sie sich Erleichterung verschaffen und diesen beiden alles beichten.

Es war kein Risiko dabei, denn ihr Todesurteil stand bereits fest.

IL

Federico zog an seiner Pfeife und atmete den süßlichen Qualm behaglich ein. Tagsüber war das Rauchen in allen Räumlichkeiten der Gemelli-Klinik streng verboten – eigentlich war es das immer – aber dies war die Nachtschicht. Im Erdgeschoss befand sich um diese Zeit niemand außer den Leuten von der Chirurgischen Ambulanz, die weit entfernt ganz am Ende des Ganges lag. Dort interessierte es niemanden, ob der Pförtner sich in seinem kleinen Glaskasten selbst vergiftete.

Bislang war es eine ruhige Nacht gewesen. Nur eine Frau, die ein blutiges Geschirrtuch um ihren Unterarm gewickelt hatte, war vor zwei Stunden hereingekommen. Doch allzu dramatisch schien die Sache nicht zu sein, er hatte sie zur Ambulanz geschickt und eine Stunde später hatte sie die Klinik wieder verlassen.

Im Grunde waren alle Nächte hier ziemlich ruhig, außer natürlich Silvester. Seit dreißig Jahren hatte er es in dieser Nacht jedes Mal mit etlichen jungen Männern zu tun gehabt, die zu blöd waren, vernünftig mit Feuerwerkskörpern umzugehen, und mit schweren Hand- und Augenverletzungen in die Klinik eingeliefert wurden. Die Menschheit wurde einfach nicht klüger.

Taroun stand in der Nähe des Eingangs im Schatten und dachte angespannt nach. Das erste Problem bestand darin, das Krankenhaus zu betreten. Eine Verkleidung als Arzt oder Pfleger hatte er nicht zur Verfügung. Nächtliche Besuche von angehörigen Patienten schieden auch aus. Natürlich konnte er sich als Unfallopfer – oder besser noch: Vergiftungsopfer – ausgeben, das sofort ärztliche Hilfe benötigte, aber hier bestand die Gefahr, dass der Pförtner ihn telefonisch auf der Notfallstation ankündigen würde. Wenn dann niemand auftauchte, würde das Verdacht erregen und vielleicht sogar eine Suche auslösen.

Vom Parkplatz her sah er ein junges Paar in Richtung Eingang kommen. Der Mann humpelte sehr stark, er wirkte angetrunken, die Frau stützte ihn so gut es ging.

Taroun trat zwei Schritte zurück, noch weiter in den Schatten.

Die gläserne Automatiktür glitt mit einem Zischen auseinander und Federico sah von seinem Kreuzworträtsel auf. Ein junges Paar stand vor der Sprechöffnung seines Glaskastens. Der Mann war blass und hatte ein schmerzverzerrtes Gesicht, im Blick der Frau lag etwas Hysterisches. »Wir brauchen Hilfe! Mein Mann blutet sehr stark am Fuß …«

Federico deutete routiniert den Gang hinunter. »Zur Chirurgischen Ambulanz dort entlang. Hier vorne stehen Rollstühle, wenn Sie einen benötigen.« Er drückte auf den Knopf, der die nachts geschlossene, innere Glastür aufgleiten ließ, und sah den beiden kurz nach, dann versenkte er sich wieder in sein Rätselheft.

Zehn Sekunden später hörte er erneut das Zischen der äußeren Glastür. Er hob den Kopf und sah einen jungen Mann vor sich, der etwas außer Atem wirkte. »Musste noch den Wagen parken. Wo ist mein Bruder hin?«

»Zur Chirurgischen Ambulanz dort entlang.« Wieder drückte Federico auf den Knopf für die Glastür und nachdem der junge Mann seinen Verwandten gefolgt war, versenkte er sich ein weiteres Mal in sein Rätsel.

L

Cavelli wagte kaum, zu Beatrice hinüberzusehen. Ihr Anblick war für ihn schwer zu ertragen. Diese sonst so lebenslustige und souveräne Frau war nur ein Schatten ihrer selbst.

Noch immer saßen sie in dem Heizungskeller. Ihre Hände waren nach wie vor hinter ihrem Rücken an ein Rohr gefesselt und inzwischen konnte er seine Finger nicht mehr spüren. Doch das war im Moment das kleinste Problem. Vor einer Ewigkeit – zumindest kam es ihm so vor, aber wahrscheinlich waren kaum mehr als dreißig Minuten vergangen – war diese Frau hereingekommen, die er bislang nur aus dem Fernsehen gekannt hatte. Tochter Maria, oder wie sie sich selbst vorgestellt hatte: Maria Concetta Crespo. (Ihr bürgerlicher Name war Cavelli – wie fast der gesamten Öffentlichkeit – unbekannt gewesen.) Und nun stand diese Frau, die von ihrem Aussehen und ihrer Kleidung her jeden sofort an die Muttergottes denken ließ, in diesem Heizungskeller und redete auf sie beide ein. Und je länger sie sprach, desto aufgeregter wurde sie; an ihrem Hals hatten sich hektische rote Flecke gebildet, die keineswegs zu ihrer sonstigen Erscheinung passen wollten. Das Ganze wirkt absolut surreal, ja geradezu bizarr. Sie hatte von ihren fanatisch gläubigen Eltern gesprochen, von bigotten Priestern in christlichen Jugendgruppen, die sie mit falschen Anschuldigungen zugrunde gerichtet hatte, und von ihrem brennenden Hass auf die katholische Kirche. Sie hatte davon gesprochen, mit welchen Methoden sie sich bei den Töchtern Marias an die Macht gebracht und dann diese Organisation Stück für Stück ihren eigenen Zwecken angepasst hatte. Minutenlang hatte sie über die Arbeit eines Mannes namens de Bruyn referiert, der das ursprünglich schlichte Kontosystem der Töchter Marias in ein undurchschaubares Finanznetzwerk umgebaut hatte, das dazu diente, Spenden in Millionenhöhe auf unauffälligem Wege zu geheimen Konten zu schaffen, die Maria Crespo gehörten.

Sie hatte von ihrer Verachtung gegenüber all den naiven Menschen gesprochen, die ihr glaubten und für die Töchter Marias spendeten oder für sehr wenig Lohn dort arbeiteten.

Sie hatte von ihren Feinden gesprochen, von Menschen, die versucht hatten, sie zu behindern, und von sogenannten Lazarus-Rittern, die ihr treu ergeben seien und gegen ihre Feinde in den Krieg zogen. Einen von ihnen hatten Beatrice und er kennengelernt. Den Mann mit dem entstellten Gesicht, wobei es Maria Crespo besonders zu genießen schien, ihnen mitzuteilen, dass der Grund für die Entstellung dieses jungen Inders Lepra sei. Cavelli sah, wie Beatrice erschrocken nach Luft schnappte, und er selbst spürte, wie sich in seiner Brust etwas zusammenzog. Lepra.

Sie hatten Stunden in seiner unmittelbaren Nähe verbracht. Erst nach einigen Sekunden wurde ihm klar, dass er das Haus seiner Chefin wohl kaum hätte betreten dürfen, wenn er ansteckend wäre. Dennoch, es blieb ein mulmiges Gefühl.

Nachdem Maria ihrer beider Schrecken genug genossen hatte, war sie auf ihr Vermögen zu sprechen gekommen. Sie zählte eine Reihe von Banken im Ausland auf, auf deren Konten angeblich zig Millionen Euro lägen, und dass sich in ihrem Besitz Diamanten im Werte von einundfünfzig Millionen Euro befänden.

Marias Crespos Gesicht hatte etwas Starres, ja beinahe schon Maskenhaftes bekommen. Es war furchterregend, vor allem, weil Cavelli kein Grund dafür einfallen wollte, warum diese Frau hier ganz offen ihre größten Geheimnisse preisgab.

»Ich bin auf jede Eventualität vorbereitet«, fuhr Maria fort. »Ich kann das noch zehn Jahre so weiter machen oder auch, wenn nötig, jederzeit beenden. Mein Geld ist in Sicherheit, mich hält hier nichts. Schon vor drei Jahren habe ich mir in den Personalakten die Bilder aller Töchter Marias weltweit angesehen und bin dabei in Jordanien auf eine junge Frau gestoßen, die mir ein wenig ähnlich sieht. Üblicherweise verlassen die Töchter Marias ihre Camps nicht, aber sie habe ich mit einer Mission in Ägypten betraut. Dazu benötigte sie natürlich einen Pass, der korrekt beantragt wurde und den ich nach ihrer Reise von der Campleiterin in Verwahrung nehmen ließ und der dann über einige Umwege schließlich zu mir gelangte. Notfalls verfüge ich also über einen echten Pass auf einen falschen Namen. Ich verlasse das Land und verbringe den Rest meines Lebens wie eine Kaiserin.«

Sie starrte Cavelli und Beatrice herausfordernd an.

Cavelli suchte nach Worten, aber er wusste einfach nicht, was sie hören wollte. Auch Beatrice konnte es nicht wissen, doch das hielt sie nicht davon ab, ihr dennoch eine Antwort zu geben: »Sie halten sich für so unglaublich schlau, weil Sie glauben, an alles gedacht zu haben. Aber Kontrolle ist ein Illusion. Die Geschichte ist voll von größenwahnsinnigen Verbrechern, die sich überschätzt haben und am Ende kläglich gescheitert sind.« Sie sah ihr wütend ins Gesicht.

Maria Crespo lächelte. »Völlig richtig. Die Gescheiterten kennt man. Sie waren letztlich doch nicht gut genug. Aber wissen Sie auch, wen man *nicht* kennt? Die, die *nicht* gescheitert sind, weil man ihre Taten nämlich nie entdeckt hat. Zu denen werde auch ich gehören. Und was die *Geschichte* angeht: Das Einzige, was die Menschen aus der Geschichte lernen können, ist, dass die Menschen aus der Geschichte nichts lernen.« Sie lachte. »Die

Dummheit und Leichtgläubigkeit der Menschen währt ewig. Man kann darüber herumjammern oder man zieht seinen Vorteil daraus.«

Sie warf Beatrice einen triumphierenden Blick zu und wandte sich zur Tür um. Während sie den Heizungskeller verließ, empfand sie ein lange nicht mehr gekanntes Gefühl der Erleichterung. Eine ungeheure Energie durchströmte sie, es war, als hätte ihre Beichte sie um mindestens zehn Jahre verjüngt.

Dass Rajiv existierte, hatte sie völlig vergessen. Es wurde ihr erst bewusst, als er vom anderen Ende der Tiefgarage auf sie zukam. Er hatte sich extra so weit von der Tür zum Heizungskeller entfernt, damit sie nicht befürchten musste, dass er gelauscht hätte. Rajivs Anblick ließ sie augenblicklich wieder in ihre Rolle schlüpfen. Sie lächelte freundlich, ihre Stimme war leise.

»Je früher man den Mörder von Oberst Durand findet, desto besser wird es für alle Beteiligten sein.« Ein letztes gnädiges Nicken, dann ging sie zum Fahrstuhl und einen Moment später war sie entschwunden.

Rajiv seufzte. Er hatte verstanden. Er musste zurück nach Rom. Dort würde er die beiden töten und so platzieren, dass sie schnell entdeckt würden.

Es war mittlerweile halb fünf am Morgen und für ihn war die Nacht noch lange nicht zu Ende.

LI

Taroun atmete den speziellen Geruch ein, der für alle Krankenhäuser der Welt so typisch war. Die meisten Menschen hassten diesen Geruch. Es war der Geruch von Krankheit und Tod. Taroun empfand es anders. Für ihn war es der Geruch der Rettung. Der Geruch einer zweiten Chance. Der Geruch von Leben. Genau so hatte es gerochen, als ihn Ärzte gegen die Hansenkrankheit behandelt hatten. Manchmal packte ihn der Gedanke, was mit ihm geschehen wäre, wenn er *nicht* in eines der Hilfsprogramme von Tochter Maria aufgenommen worden wäre. Er wusste die Antwort nur zu genau, denn er hatte Menschen gekannt, die *nicht* behandelt worden waren. Die Bilder in seinem Gedächtnis ließen ihn auch heute noch immer wieder nachts aus dem Schlaf schrecken.

Inzwischen war er so weit um die Ecke gegangen, dass er sich außer Sichtweite des Pförtners befand. Das Betreten des Krankenhauses hatte wie geplant funktioniert. Er hatte keinen Verdacht erregt und wurde hier nirgendwo erwartet. Irgendwann würde das Paar, oder die Frau allein, die Klinik wieder verlassen, und Taroun würde nicht dabei sein, aber es war nicht anzunehmen, dass sich der Pförtner auch nur im Geringsten dafür interessierte, wer hinausging. Wahrscheinlich würde er nicht einmal von seinem Kreuzworträtsel aufblicken. Natürlich gab es hier eine Reihe von Kameras, die ihn filmen würden, aber wenn er Oberst Durand tötete, ohne Spuren zu hinterlassen, würde man davon ausgehen, dass er letztlich doch seiner Schussverletzung erlegen sei. Zumindest von Seiten der Ärzteschaft würde diese Ansicht vertreten werden, da es nicht in ihrem Sinne war, seinen Tod auf etwaige Operationsfehler zurückzuführen. Es würde also keinen Grund geben, die Video-Aufzeichnungen dieser Nacht anzusehen. Entscheidend war jetzt nur, dass ihn niemand entdeckte. Mitten in der Nacht hatte eine Person in Zivilkleidung hier außer bei der Unfallambulanz nichts zu suchen und erregte sofort Verdacht. Er würde sich sehr vorsichtig bewegen müssen.

Als erstes zog er seine Schuhe aus, denn die Gummisohlen quietschten auf dem Linoleum. Bisher war ihm das gar nicht aufgefallen, weil es überall Umgebungsgeräusche gab, doch hier auf diesen stillen Gängen klang es geradezu ohrenbetäubend. Mit den Schuhen in der Hand trat er an eine Orientierungstafel und stellte fest, dass sich die Intensivstation im obersten Stockwerk des Gebäudes befand. Er überlegte. Dann entdeckte er auf einem kleinen Rollwagen eine metallene Nierenschale, in der ein blutiger Tupfer und eine benutzte Spritze lagen. Das brachte ihn auf eine Idee. Er vergewisserte sich, dass die Nadel mit einer Plastikhülle bedeckt war, und steckte die Spritze ein. Plötzlich hörte er Stimmen vom Ende des Ganges her. Instinktiv ging er hinter einem Rollwagen, auf dem mehrere Stapel sauberer Bettwäsche lagen, in Deckung. Vorsichtig lugte er hinter dem Wagen hervor und sah zwei Krankenschwestern aus dem Fahrstuhl kommen und kurz darauf schwatzend hinter einer Schwingtür verschwinden.

Taroun richtete sich auf und sah sich um. Den Fahrstuhl zu benutzen, war zu riskant. Leise huschte er zu der Schwingtür, die ins Treppenhaus führte, und schlüpfte hinein. Den Lichtschalter betätigte er nicht. Vorsichtig begann er, die Treppe hinaufzusteigen.

LII

Rajiv betrat erneut den Heizungskeller. Seine beiden Gefangenen sahen extrem erschöpft aus. Das war gut, dann würden sie gefügiger sein. Trotzdem zog er seine Groza-Waffe hervor und zeigte sie den beiden. »Machen Sie keine Schwierigkeiten, sonst benutze ich die, verstanden?« Cavelli nickte widerwillig, während ihn Beatrice kaum anblickte. Wieder gab er ihnen etwas Wasser zu trinken; eine Weile mussten die beiden schließlich noch durchhalten. Dann kniete er sich neben Beatrice und schnitt das Klebeband durch, welches das Klebeband um ihre Handgelenke mit dem Heizungsrohr verband. Sorgfältig entfernte er die Reste und steckte sie in die Hosentasche. Dann zog er Beatrice hoch, führte sie aus dem Heizungskeller und verfrachtete sie erneut in den schwarzen Van.

Dann verfuhr er in gleicher Weise mit Cavelli. Er schloss die seitliche Schiebetür, klemmte sich hinters Steuer und startete den Wagen. Müde lenkte er den Van aus dem Parkhaus heraus. Der Gedanke, erneut die hundertfünfundachtzig Kilometer bis Rom und anschließend wieder zurück fahren zu müssen, gefiel ihm ganz und gar nicht. Am Ende dieses unendlich langen Tages würde er etwa siebenhundertfünfzig Kilometer zurückgelegt haben. Er überlegte. War es tatsächlich notwendig, die beiden nach Rom zurückzubringen? In Siena durften sie natürlich nicht gefunden werden; jeder auch nur entfernte Zusammenhang mit den Töchtern Marias musste unter allen Umständen vermieden werden, aber immerhin hatten die beiden versucht, Rom per Zug zu verlassen. Vielleicht gab es sogar entsprechende Aufzeichnungen von Sicherheitskameras, welche sie im Bahnhof Termini zeigten. Warum sollten die beiden nicht in der Nähe von Siena ausgestiegen sein? Irgendwo in einem kleinen Ort in der Provinz, wo sie niemand kannte und wo man sich nicht sonderlich für irgendwelche Geschehnisse in Rom interessierte. Das erschien Rajiv mehr als plausibel. Ja, so würde er es machen. Er würde sich dort eine abgelegene Stelle suchen und dann das tun, was von Anfang an geplant war. Die Frau erwürgen, dem Mann mit ihren Fingernägeln einige Kratzspuren im Gesicht zufügen und ihn dann mit seinem Gürtel erhängen. Wahrscheinlich war es eine gute Idee, von einer Telefonzelle aus als zufälliger Spaziergänger den Fund der Leichen zu melden. Das würde die Sache beschleunigen. Dann hatte er noch eine Idee: Wenn alles erledigt war, würde er der Frau die Kleidung vom Leibe reißen. Sex und wahnsinnige Eifersucht, das waren genau die saftigen Details, wie sie die Medien liebten und die am Ende alles, was eventuell mit dem Vatikan zu tun hatte, zur Nebensache machten.

LIII

Taroun war im obersten Stockwerk der Gemelli-Klinik angekommen. Ein Schild an der Wand verkündete:

INTENSIV-STATION

Zentimeter für Zentimeter schob er sich an das Sichtfenster der Treppenhaustür heran, dann blickte er mit einem Auge kurz hindurch und tauchte wieder ab. In unmittelbarer Nähe schien sich niemand aufzuhalten. Erneut blickte er durch das Fenster, dieses Mal länger. Der Gang vor ihm war hell erleuchtet. Am anderen Ende nahm er zwei reglose Gestalten wahr, die sich gegenübersaßen. Irgendetwas schien nicht mit ihnen zu stimmen. Taroun sah genauer hin und stellte fest, dass sie beide die gleiche Kleidung trugen. Eine seltsame blaue Jacke mit einem weißen hochstehenden Kragen und blaue Kniehosen. Er brauchte einen Moment, bis es bei ihm *Klick* machte. Dies waren Männer der Schweizer Garde und hier handelte es sich nicht um die Galauniform, sondern um die weniger prächtige, aber dafür alltagstauglichere Exerzieruniform, die getragen wurde, wenn es nicht um Repräsentationspflichten ging. Die Anwesenheit der beiden Gardisten konnte nur bedeuten, dass hinter der Tür, an der sie saßen, Oberst Durand lag.

Gefunden hatte er ihn nun also, doch vorerst sah Taroun keine Möglichkeit, an ihn heranzukommen. Schon gar nicht, ohne dabei entdeckt zu werden. Ein Eindringen durch die Zimmertür schied definitiv aus.

Taroun musste nachdenken. An einem Ort, wo er ungestört war, denn hier im Treppenhaus konnte theoretisch jeden Moment irgendein Arzt auftauchen, der etwas für seine Fitness tun wollte und deshalb den Fahrstuhl verschmähte.

Geduckt, damit man ihn durch das Sichtfenster der Tür nicht zufällig bemerkte, stieg er die letzten zwei Treppen empor. Dort befand sich eine Eisentür.

Eine verrückte Idee durchzuckte Tarouns Hirn.

Er drückte versuchsweise die Klinke hinunter.

Die Tür war nicht versperrt – wahrscheinlich aus feuerpolizeilichen Gründen. Er zog seine Schuhe wieder an und betrat das mit Kies bedeckte Flachdach der Klinik.

LIV

Im Schritttempo bewegte sich der schwarze Van mit den getönten Scheiben durch die engen Gassen von Siena. Offenbar war es die Nacht vor dem Palio, dem berühmten Pferderennen, denn von seinem Platz auf dem Boden des Van konnte Cavelli überall große Gruppen von in die Renaissancetrachten ihrer Contradas gekleideten Männern und Frauen sehen, die durch die Stadt in Richtung der Piazza del Campo zogen. Cavelli überlegte, ob er versuchen sollte, sich durch Rufen bemerkbar zu machen, aber die Menschen draußen machten selbst so viel Lärm, dass es keinen Sinn hatte. Inzwischen war ihm auch klar geworden, was das seltsame Hin und Her dieser Nacht zu bedeuten hatte. Zunächst hatte man feststellen müssen, ob Oberst Durand ihm und Beatrice irgendwelche Geheimnisse verraten hatte. Dazu hatte man sie in diesen Heizungskeller gebracht. Offenbar hatte ihr Entführer tatsächlich in Betracht gezogen, sie zu foltern. Cavellis Eingeweide zogen sich immer noch zusammen, wenn er sich an dessen Drohung erinnerte, Beatrice ein

Auge rauszuschneiden, wenn er nicht redete. Zum Glück hatte der Mann Cavellis verzweifelten Beteuerungen geglaubt, nichts zu wissen. Beinahe noch bizarrer war die Lebensbeichte von Tochter Maria gewesen. Sie hatte ihnen beiden ohne Not alle ihre Geheimnisse verraten. Zunächst war ihm dies völlig unerklärlich gewesen, aber inzwischen hatte er verstanden. Das ganze Leben dieser Frau war eine Lüge. Sie musste unter enormem Druck stehen und sie hatte niemanden, dem sie sich anvertrauen konnte. Sie hatte Beatrice und ihm alles offen erzählt, weil ihr Tod schon beschlossene Sache gewesen war. Cavelli wusste nicht, was er unheimlicher fand: die Eiseskälte dieser Frau oder ihre Fähigkeit, diese so gut zu verbergen und gleichzeitig im Fernsehen so bescheiden und warmherzig rüberzukommen, dass auch er sie früher immer ausgesprochen sympathisch gefunden hatte.

Und dann war da noch das Rätsel um die Informationen, die Oberst Durand hatte und die Tochter Maria um jeden Preis geheim halten wollte. Cavelli hatte inzwischen viel darüber nachgedacht, war aber zu keinem eindeutigen Ergebnis gelangt. Tochter Maria hatte viel zu verbergen, irgendetwas davon musste Durand wohl gewusst haben, deswegen musste er sterben und nun waren Beatrice und er selbst an der Reihe.

Er sah zu ihr hinüber und erschrak. Sie lag mit geschlossenen Augen auf dem Wagenboden und wirkte entkräftet und ausgelaugt. Sah er selbst auch so aus? Er versuchte, sich zusammenzureißen. Es war lebenswichtig, jetzt völlig klar zu sein. Vielleicht würde sich für einen kurzen Moment eine Chance zur Flucht bieten, dann kam es darauf an, diese zu erkennen und zu handeln.

Bald darauf hatten sie Siena verlassen und befanden sich auf der Landstraße. Cavelli veränderte unauffällig seine liegende Position so, dass er den Mann am Steuer im Blick hatte. Er überlegte, ob er ein Gespräch anfangen sollte, entschied sich aber dagegen. Sicher, das Gespräch konnte dazu führen, dass der Mann abgelenkt war und einen Fehler machte, aber es würde zunächst erst einmal seine Aufmerksamkeit auf Cavelli lenken und es würde ihn wachhalten. Der Mann musste inzwischen genauso müde sein wie Beatrice und er, vielleicht sogar noch mehr, da er stundenlang gefahren war.

Nein, Cavelli würde sich das für einen Moment aufsparen, bei dem
es wirklich etwas nützen konnte.

LV

Der Kies auf dem Dach der Klinik knirschte bei jedem von Tarouns Schritten. Er konnte nur hoffen, dass man im Gebäude nichts davon hörte. Er ging zu der halbhohen Außenmauer, die das ganze Dach umgab. Hier lagen hunderte von Zigarettenkippen und auch einige Getränkedosen im Kies. Offensichtlich kamen viele Krankenhausangestellte in ihren Pausen hier herauf, um ein bisschen zu entspannen. Er warf einen besorgten Blick zurück zur Tür. Das Letzte, was er jetzt gebrauchen konnte, waren Zuschauer. Dann lehnte er sich weit über die Mauer und sah nach unten. Das Zimmer, vor dem er die beiden Gardisten hatte sitzen sehen, lag am Ende des Ganges. Folglich musste es an der Ecke des Gebäudes liegen, so dass Taroun vom Dach aus zwei der Außenwände sehen konnte. An der Schmalseite des Gebäudes war es nur eine Mauer, an der Längsseite hingegen befand sich ein großes Fenster. Leider war es verschlossen. Taroun trug neben einem Lockpicking-Set und diversen anderen Werkzeugen auch immer einen Glasschneider bei sich, doch der konnte heute nicht zum Einsatz kommen. Hier durften keine Spuren hinterlassen werden. Morgen früh, wenn man Oberst Durand tot auffinden würde, musste alles ganz natürlich aussehen. Dann entdeckte er neben dem großen Fenster ein sehr schmales Fenster, das gekippt war. Er blickte die Hausfront entlang und stellte fest, dass sich neben *jedem* großen Fenster ein weiteres schmales befand. Fast alle waren gekippt. Wahrscheinlich handelte es sich also um die den Krankenzimmern zugehörigen Badezimmer. Taroun überlegte kurz. Ja, so würde es gehen …

Erneut sah er sich um. Neben der Tür, die auf das Dach führte, befand sich ein roter Metallkasten. Taroun wusste, was er enthielt: einen Feuerlöscher und eine Rolle mit einem Feuerwehrschlauch. Er lief zu dem Kasten und eine Minute später hatte er den Schlauch komplett abgerollt und direkt über dem Badezimmerfenster von Durands Zimmer an die Mauer gelegt. Dann zog er ein scharfes Klappmesser und eine Rolle Angelschnur hervor und schnitt zwei etwa sechzig Zentimeter lange Schnüre ab. In beide machte er an einem Ende solange Schlingen, bis ein sehr dicker Knoten entstanden war. Dann hob er eine der weggeworfenen Coladosen auf, schnitt den Deckel ab, so dass ein Becher entstand, und stach auf der einen Seite oben und auf der gegenüberliegenden Seite unten ein winziges Loch hinein – gerade so groß, dass die Schnur hindurchpasste – fädelte durch jedes Loch eine der beiden Schnüre und vergewisserte sich, dass die Knoten im Inneren der Dose ein Herausrutschen verhinderten. Mit einem Kreuzknoten, der den Vorteil hatte, dass er leicht wieder zu lösen war, verband er die beiden freien Enden der Angelschnur und hängte sich die Coladose an den Schnüren um den Hals wie die hässlichste Kette der Welt.

Dann knotete er das hintere Ende des Feuerwehrschlauchs an dem Metallgeländer auf der Mauer fest und ließ den Rest vorsichtig am Gebäude herunter. Zu seiner Erleichterung war er lang genug, er reichte sogar noch ein ganzes Stück unter das Badezimmerfenster.

Nun begann er, sich vorsichtig an dem Schlauch hinunterzulassen.

LVI

Eine direkte Zugverbindung von Siena nach Rom existierte nicht. Statt von dort direkt nach Süden zu fahren, mussten Reisende zuerst nach Norden und einen Bogen über Florenz machen, der einen erheblichen Umweg darstellte. Rajiv folgte jedoch nicht der Bahnstrecke, sondern fuhr nach Osten, um so den Siena am nächsten liegenden Bahnhof zu erreichen, der aber laut Fahrplan etliche Stationen entfernt und noch vor Florenz lag: das zweiundvierzig Kilometer entfernt Arezzo. Wenn man dort die Leichen der beiden finden würde, lag die Vermutung nahe, dass sie nach Florenz gewollt hatten und nicht nach Siena.

Ein vorbeihuschendes Straßenschild verkündete, dass es noch fünf Kilometer bis Arezzo waren.

Cavelli sah die Panik in Beatrices Augen. Genau wie er wusste sie instinktiv, dass Arezzo das Ende ihre Reise sein würde. Nur ein paar Minuten noch, dann würde der Mann an einer abgelegenen Stelle halten, sie aus dem Wagen zerren und dann …

Cavelli traf eine Entscheidung. Eine absolut wahnsinnige Entscheidung, aber eine bessere Idee als diese hatte er nicht und sie hatten jetzt nichts mehr zu verlieren. Er robbte näher an Beatrice heran und flüsterte ihr ins Ohr, was er vorhatte. Das Entsetzen in ihren Augen schien sich noch zu verstärken, aber dann nickte sie.

Auf dem Rücken liegend schob sich Cavelli Stück für Stück ganz langsam an Rajivs Sitz heran. Er wusste, dass er nur einen Versuch hatte. Ein paar Zentimeter noch, nun befand er sich in der richtigen Position. Zumindest hoffte er das. Seine Füße zeigten genau in Rajivs Richtung. Mit einer schnellen Bewegung zog er beide Beine an und trat so kräftig er konnte in Richtung von dessen Kopf. Rajiv sah es im letzten Moment kommen und duckte sich hastig zur Seite. Cavellis Tritt traf nur seine Schulter, doch das genügte, um ihn das Lenkrad verreißen und die Kontrolle über den Van verlieren zu lassen. Der Wagen geriet ins Schlingern, kam von der Landstraße ab, kippte nach rechts in einen Graben und landete schließlich mit einem lauten Knall auf dem Dach. Cavelli und Beatrice waren gegen die Rückseiten der Frontsitze geschleudert worden. Für einen Moment hatte es Cavelli den Atem genommen und er hörte Beatrice aufschreien. Der Airbag des Fahrersitzes war aus dem Lenkrad geschossen und hatte Rajiv so heftig im Gesicht getroffen, dass er aus der Nase blutete. Wie eine Fliege im Spinnennetz hing er benommen im Sicherheitsgurt. Es roch nach Benzin. Beatrice war aufgesprungen und zerrte mit ihren auf dem Rücken gefesselten Händen panisch an dem Öffnungshebel für die seitliche Schiebetür des Wagens, doch die war entweder so eingestellt, dass sie sich nicht von innen öffnen ließ oder er funktionierte einfach nicht, weil der Wagen auf dem Rücken lag.

Rajiv stöhnte und versuchte, sich zu orientieren. Er hing mit seinem ganzen Gewicht im Gurt, was verhinderte, dass er sich öffnen ließ. Das Blut aus seiner Nase rann ihm in die Augen. Hastig zerrte er die Groza-Waffe aus der Tasche und schoss mehr nach Gehör in Cavellis Richtung. Es ploppte und das Projektil ging in die Schiebetür. Eilig wischte er sich mit dem Ärmel über die Augen. Dann bemühte er sich, in eine bessere Position zu kommen, um besser zielen zu können. Cavelli trat nach seiner Hand, was Rajiv veranlasste, sie wegzuziehen, genau in dem Moment, in dem er abdrückte. Die Kugel traf die Heckscheibe, die in tausend kleine Splitter zersprang.

»Raus hier!«, schrie Cavelli Beatrice zu, während Rajiv die leere Waffe fallen ließ und versuchte, an sein Messer zu kommen.

LVII

Taroun hatte es fast geschafft. Noch einen halben Meter nach unten und seine Füße würden Halt auf dem Fensterbrett des Badezimmers finden. Seine Hände schmerzten, ein Feuerwehrschlauch war kein Seil, an dem man sich leicht festhalten konnte, und so hatte er für seinen Abstieg sehr viel länger gebraucht, als er zuvor angenommen hatte. Er verdrängte den Gedanken daran, dass er in einigen Minuten wieder hinaufklettern musste, was zweifellos noch zehnmal anstrengender sein würde. Es war einer dieser Momente, in denen ihm alles so unwirklich vorkam. Was machte er hier? Warum tat er all das? Natürlich wusste er die Antwort und sie gefiel ihm nur zum Teil. Sicher, die Ärzte in dem Camp der Töchter Marias hatten ihn vor dem sicheren Tod gerettet und er glaubte auch an all das Gute, was diese Organisation weltweit tat, und er verehrte Tochter Maria als eine wahre Heilige, aber da war noch etwas. Er liebte und begehrte sie als Frau. Bei jedem Treffen der Lazarus-Ritter musste er sich verstellen, wenn er ihr gegenüberstand und diese wunderschöne, zarte Frau ihn mit ihren sanften blauen Augen ansah. Oft dachte er im Bett an sie und nachts träumte er von ihr. Er wusste, dass das falsch war. Falsch und widerlich und er schämte sich dafür. Tochter Maria war unerreichbar und stand weit über diesen körperlichen Dingen. Manchmal hoffte er, dass eines Tages ein Wunder geschehen würde und sie beide …

In diesem Moment spürte er festen Halt unter seinem linken Fuß und zehn Sekunden später kniete er auf dem Fensterbrett. Widerstrebend ließ er den Feuerwehrschlauch los. Eine falsche Bewegung und er würde etwa fünfzehn Meter tief nach unten stürzen. Langsam entfernte er die Coladosenkette von seinem Hals und löste den Kreuzknoten. Dann nahm er die beiden Enden der Angelschnüre in die linke und die rechte Hand, streckte sich und führte die ganze Konstruktion von oben über die Kante des gekippten Fensters, bis alles auf dem inneren Fensterbrett lag und sich nur noch die beiden Schnurenden draußen befanden. Er ließ die linke Schnur los, griff durch den Fensterspalt nach innen und setzte die aufgeschnittene Coladose auf den nach oben gerichteten Fenstergriff. Dann zog er an beiden Schnurenden, bis das Fenster zuklappte und anschließend an der linken Schnur, bis der Fenstergriff sich um neunzig Grad nach unten gedreht hatte. Ein kleiner Stoß mit der flachen Hand und das Fenster war offen.

LVIII

Noch immer versuchte Rajiv, sich aus seinem Sicherheitsgurt zu befreien. Der schwarze Van lag auf der rechten Seite und er musste sich mit der linken Hand an dem Griff über der Fahrertür festklammern, um nicht nach unten zu rutschen. Seine Nase blutete und sein ganzes Gesicht schmerzte vom Aufprall des Airbags. In dieser halb sitzenden, halb hängenden Position war es schwierig, mit der rechten Hand an das Messer in seiner linken Hosentasche zu kommen. Er brauchte fast eine Minute, bis er es hervorgezogen hatte. Mit zwei schnellen Schnitten durchtrennte er die Gurte, veränderte mühsam seine Position so, dass er nun auf der Beifahrertür stand, und kletterte dann ebenfalls durch die zerstörte Heckscheibe ins Freie. Hektisch sah er um sich, aber natürlich waren seine beiden Gefangenen verschwunden. Die Straße verlief an dieser Stelle in beiden Richtungen schnurgerade und war hunderte von Metern weit zu übersehen. Links davon befanden sich umgepflügte Felder, also blieb zur Flucht nur die vierte Option: der Wald rechts der Straße.

Einige Momente stand er ganz still und lauschte. Er hörte Vögel zwitschern und da und dort auch das Knacken von Zweigen. Das musste natürlich nicht bedeuten, dass es von den beiden kam, in Wäldern knackten ständig Zweige, dennoch machte er sich in die Richtung auf, aus der die meisten Geräusche zu kommen schienen.

LIX

Mühsam zwängte sich Taroun durch das schmale Fenster und kletterte vorsichtig in das Badezimmer. Er zog erneut die Schuhe aus und wartete einige Momente, bis sich seine Augen an die Dunkelheit gewöhnt hatten, dann drückte er langsam die Klinke hinunter und öffnete die Tür.

Auch das Zimmer daneben war dunkel. Leise trat er ein und schlich zu dem Bett. Der Mann, der darin lag, gab keine Lebenszeichen von sich, aber ein über dem Bett an der Wand befestigter Bildschirm zeigte die Herzfrequenz an. Er beugte sich hinunter und verglich im Kopf das Gesicht des regungslosen Mannes mit dem Foto von Oberst Durand, das er sich im Internet angesehen hatte. Der Mann vor ihm sah zwanzig Jahr älter aus, aber das lag zweifellos an seinem Zustand, dennoch konnte über seine Identität kein Zweifel bestehen.

Taroun knöpfte sein Hemd auf und befeuchtete die Haut über seinem Herzen mit Speichel. Dann riss er den Saugnapf mit dem Kabel von Durands Brust ab und befestigte ihn schnell an seiner eigenen. Er beobachtete die Anzeige auf dem Bildschirm; natürlich schlug sein Herz schneller als Durands, aber da es im gesunden Bereich war, würde dies keinen Alarm auslösen. Dann begann er im Geiste noch einmal die Abläufe durchzugehen, die er sich zurechtgelegt hatte. Aus Filmen wusste er, dass ein Alarm ausgelöst würde, wenn sich Durands Herzschlag stark verändern würde. Also durfte dies erst geschehen, nachdem er tot war und nicht bereits, während er starb. Sobald er ihn getötet hatte, würde er den Saugnapf wieder an dessen Brust befestigen und sofort im Badezimmer verschwinden. Im nächsten Moment würden zweifellos Ärzte und auch die Gardisten hineinstürzen, aber ihre ganze Aufmerksamkeit würde Durand gelten, niemand würde das Bad betreten, in dem er sich inzwischen die Schuhe anzog, durch das Fenster hinauskletterte, es von außen erneut in die gekippte Position brachte und an dem Feuerwehrschlauch zurück aufs Dach kletterte. Dort würde er bis zum Morgen warten und dann, wenn in der Klinik wieder viel mehr Betrieb herrschte und der Mann an der Eingangspforte abgelöst worden war, völlig unbehelligt hinausspazieren.

In Durands rechtem Arm steckte eine Kanüle, die über einen dünnen Schlauch zu einem Beutel mit Infusionsflüssigkeit führte, der an einem Ständer hing. Vorsichtig zog Taroun das Anschlussstück des Schlauchs heraus. Er wusste nur wenig über medizinische Vorgänge, aber er hatte gelesen, dass die Injektion von Luft in eine Vene tödlich war. Wahrscheinlich ließ sich so etwas bei einer Obduktion nachweisen, aber warum sollte es eine geben, zumal es ja auch keine zusätzliche Einstichstelle geben würde? Er zog die benutzte Spritze, die er unten eingesteckt hatte hervor. Jetzt musste er nur noch …

Ein lautes Alarmsignal ließ ihn zusammenzucken und die Spritze fallen lassen. Eine Sekunde stand er wie paralysiert da. Der Alarm. Aber das konnte nicht sein. Sein eigener Herzschlag wurde hier gemessen und der war … Er blickte auf den Bildschirm und sah eine rotblinkende 151. Sein Herz raste. Er hatte es nicht bemerkt, aber offenbar war der Stress dieses Augenblicks an ihm keineswegs spurlos vorübergegangen.

Hilflos sah er zu, wie die Anzeige jetzt auf 153 und dann auf 156 sprang. Panisch riss er sich den Saugnapf von der Brust. Jetzt war alles egal. Jede Sekunde würden die beiden Gardisten hier reinstürmen, die Geschichte vom natürlichen Tod Durands war damit erledigt, jetzt ging es nur noch darum, dass der Mann überhaupt starb. Taroun griff in seine Hosentasche und zog die kleine, zweischüssige Groza-Waffe hervor. Keine Sekunde zu früh, denn im nächsten Moment flog die Tür auf und Gardist Elias Monthey stand im Türrahmen. Taroun hob die Waffe.

Monthey reagierte sofort. Er hatte nicht mit einem Eindringling gerechnet, sondern mit einem medizinischen Notfall. Geistesgegenwärtig hatte er seinen Kollegen losgeschickt, schnell einen Arzt herbeizuholen, und dann selbst das Krankenzimmer betreten, um zu sehen, was mit Durand los war.

Mit einem Blick erkannte er die Situation: Der Schlauch des Infusionsbeutels, der in der Luft hing, die Spritze auf dem Boden, der Mann, der im nächsten Moment mit einer Pistole auf ihn zielte.

Blitzartig zucke er zurück in den Gang und sprang aus der Schusslinie. Schwer atmend riss er seine Glock 19 aus dem verborgenen Halfter unter der Uniform. Dieses Mal gelang es ihm perfekt. In seinen Ohren rauschte es. Der Mann mit der Waffe hatte nicht geschossen. Was tat er jetzt? Zielte er immer noch auf die Türöffnung und wartete nur darauf, abzudrücken, sobald sich Monthey zeigte, oder setzte er genau darauf, dass er das denken würde, und brachte in diesem Moment Kommandant Durand um? Eine bittere Erkenntnis überfiel Monthey: Es hatte keine Zeit zu überlegen, er musste handeln. Jetzt – oder es würde zu spät sein.

Vom anderen Ende des Ganges sah er Gardist Flury und zwei Pfleger auf sich zukommen, doch so lange konnte er nicht warten. Er lud die Waffe durch und machte eine schnelle Bewegung zur Tür, wobei er darauf achtete, dass der größte Teil seines Körpers hinter der Wand in Deckung blieb, und zielte in das Zimmer. Es gab nur ein leises Geräusch, etwa so, als wenn man mit dem Fuß gegen ein Möbelstück stößt, als sich der

Schuss aus der Groza-Waffe löste und in sein Gehirn eindrang.

Elias Montheys erste Vermutung war richtig gewesen. Der Mann mit der Pistole hatte auf ihn gewartet.

LX

Cavelli und Beatrice waren etwa hundert Meter in den Wald hineingelaufen, bevor sie stehenblieben. Im Osten begann die Sonne aufzugehen und sie versuchten, sich zu orientieren.

Erst jetzt war ihnen zu Bewusstsein gekommen, dass sie fast in gerader Linie gelaufen waren. Wenn der Mann mit dem entstellten Gesicht hinter dem Wagen ebenfalls geradeaus in den Wald lief, würde er direkt auf sie treffen. So leise sie konnten, bewegten sie sich nun etwa achtzig Meter nach links. Dann lauschten sie. Da und dort knackte es im Wald, aber es ließ sich nicht sagen, ob dies von einem Menschen verursachte Geräusche waren.

»Wir müssen die Fesseln loswerden«, sagte Cavelli leise zu Beatrice. »Ich werde versuchen, meine an einem Baum durchzuscheuern.«

»Warte, ich habe eine bessere Idee«, erwiderte Beatrice. Sie ging um Cavelli herum und stellte sich Rücken an Rücken hinter ihn. Dann begann sie mit ihren Fingernägeln, das Endstück des Klebebands um seine Handgelenke zu lösen. Es fiel ihr schwer, da sie nach der stundenlangen Fesselung kaum noch Gefühl in den Fingern hatte, aber irgendwann hatte sie etwa zehn Zentimeter Klebeband in der Hand. Dann bemerkte Cavelli, wie sie sich entfernte, während sich immer mehr Klebeband löste. Nach gut dreißig Sekunden war er frei. Erleichtert rieb er seine Handgelenke, um den Blutfluss wieder in Gang zu bringen. Dann beeilte er sich, Beatrice ebenfalls von ihrer Fesselung zu befreien.

Sie lauschten erneut, doch wieder ließ sich nicht sagen, ob die zahlreichen Geräusche des Waldes von ihrem Verfolger stammten. Cavelli bückte sich und hob einen schweren Ast auf, der in etwa die Dicke und die Länge eines Baseballschlägers hatte. »Besser als nichts«, flüsterte er Beatrice mit einem schiefen Grinsen zu. Vielleicht war es klüger, nicht weiter zu flüchten, sondern sich zu verstecken und auf ihren Verfolger zu warten. Er hatte einmal gelesen, dass dies die beste Verhaltensweise war, wenn man nachts aufwachte und feststellte, dass Einbrecher im Haus sind. Entweder wurde man nicht gefunden oder man konnte aus dem Hinterhalt einen Überraschungsangriff starten, beides war besser, als dem Angreifer in die Arme zu laufen. Immerhin war Cavelli anderthalb Köpfe größer und etwa zwanzig Kilo schwerer als der Mann und verstand sich aufs Ringen. Dann musste er an die seltsame Pistole denken, die der Mann gehabt hatte. Offenbar eine Spezialanfertigung. Sie war aus Plastik gewesen, sehr klein und sehr leise. Außerdem hatte sie zwei Läufe gehabt. Er kannte sich nicht sehr gut aus mit Schusswaffen, aber er vermutete, dass diese Waffe auch nur zwei Schuss hatte, und die hatte der Mann abgegeben. Allerdings führte er vielleicht weitere Munition mit sich. Und auch weitere Waffen. Nein, irgendwo auf ihren Verfolger zu warten und dann festzustellen, dass er schwer bewaffnet war, klang nicht nach einer guten Option. Aber wenn sie jedes laute Geräusch vermieden, standen ihre Chancen in dem breiten Waldstück gar nicht so schlecht. Ihr Verfolger würde schon sehr viel Glück brauchen, um sie zu finden.

Cavelli blickte zu Beatrice hinüber. Ihre elegante Hochsteckfrisur hatte sich inzwischen fast vollständig aufgelöst und der Saum ihres Kleides war durch wild wachsende Brombeerbüsche zerrissen, aber sie schien voller Energie zu sein. Es war nicht das erste Mal, dass Cavelli bemerkte, dass diese so zart wirkende Frau ziemlich hart im Nehmen war.

So leise wie möglich bewegten sie sich vorwärts, wobei sie vor allem darauf achteten, nicht auf trockene Äste zu treten. Einen richtigen Plan hatten sie nicht, nur so weit wie möglich weg von dem Mann mit dem entstellten Gesicht.

LXI

Gardist Flury sah seinen Kameraden Monthey zu Boden stürzen. Aus dem kleinen Loch auf dessen Stirn sickerte Blut. Es war eindeutig: Jemand befand sich in Oberst Durands Krankenzimmer und hatte auf Monthey geschossen. Noch im Laufen zog er seine Waffe.

In Tarouns Hirn überschlugen sich die Gedanken. Der erste Gardist war ausgeschaltet, doch im Gang waren schnell näherkommende Schritte von mehreren Personen zu hören. Seine Groza-Waffe hatte nur zwei Schuss. Sie war für schnelle, unauffällige Liquidationen konstruiert worden, nicht für Feuergefechte. Wenn er damit Durand erschoss, hatte er gegen den zweiten Gardisten keine Chance mehr. Also musste er zuerst ihn erschießen und anschließend Durand mit seinem Messer töten.

Dann ging im Flur plötzlich das Licht aus. Der Gardist musste es ausgeschaltet haben.

Der Flur lag nun völlig im Dunkeln, während sich Tarouns Silhouette im Licht der Morgendämmerung deutlich abzeichnete. Ein schwerer taktischer Nachteil. Im nächsten Moment hörte er von der Tür aus jemanden rufen: »Keine Bewegung. Waffe fallen lassen!«

Hilflos zielte Taroun in Richtung Tür, doch der Gardist, der zweifellos ebenfalls auf ihn zielte, war nicht zu sehen. Ein Schuss ins Dunkle würde reines Glücksspiel sein, während er selbst wie auf dem Präsentierteller dastand. Jeden Moment konnte der Gardist abdrücken.

Taroun traf eine Entscheidung. Es ging hier nicht um ihn, es ging einzig und allein um den Auftrag. Durand musste sterben, das war das Einzige, worauf es ankam. Blitzschnell wirbelte er herum und schwenkte die Waffe in Durands Richtung.

Die Kugel aus Flurys Waffe drang in Tarouns Hinterkopf ein, bevor er den Schuss hören konnte. Sein Körper schlug auf den Boden auf wie ein Sack Zement.

Zwei Männer, die noch hätten leben können, waren tot. Beide aus demselben Grund: Pflichtgefühl.

LXII

Rajiv war mit dem Messer in der Hand immer weiter in den Wald vorgedrungen, war jedem Geräusch und jeder Bewegung, die er in der Ferne wahrzunehmen geglaubt hatte, gefolgt und hatte inzwischen jede Orientierung verloren. Er gab sich keine Mühe mehr, leise zu sein; wenn er überhaupt noch eine Chance haben wollte, die beiden zu entdecken, kam es auf Geschwindigkeit an. Er spürte, wie er kurzatmig wurde. Nicht von der Rennerei, physisch war er hervorragend in Form, sondern vor Panik. Er musste die beiden finden, Tochter Maria verließ sich auf ihn, er durfte sie auf keinen Fall enttäuschen. Er fluchte, als er merkte, dass er mit der Hose in dornige Zweige geraten war. Wütend schlug er die Zweige mit einem Ast zu Seite. Im nächsten Moment macht sein Herz einen Sprung, er hatte etwas ganz Wunderbares entdeckt. In dem Gestrüpp hing ein Stofffetzen. Nicht besonders groß, aber Rajiv erkannte das Muster darauf sofort wieder. Es war das Muster von Signora Kingsleys Kleid. Er bekreuzigte sich und schickte einen Dank an die Jungfrau Maria. Dann umfasste er den Griff seines Messers mit neuer Energie und bewegte sich weiter in diese Richtung.

Allzu weit konnten sie noch nicht sein.

Der Wald endete ganz plötzlich. Offenbar zog er sich über viele Kilometer entlang der Landstraße, war aber nicht sehr tief. Cavelli und Beatrice standen vor einem Fluss. Er war nicht besonders breit, aber das Wasser strömte mit beachtlicher Wucht und wirbelte hohe Gischtfontänen in die Luft, wo immer es auf einen der zahlreichen Felsbrocken traf, die überall im Flussbett lagen.

»Wir müssen da rüber«, stellte Cavelli widerwillig fest.

»Bist du sicher, Don? Wir können doch auch weiter im Wald …«

»Nein, der Wald ist zu schmal und man hört jedes Geräusch. Wenn wir auf der anderen Seite des Flusses sind, können wir uns viel schneller bewegen, weil das Wasser alle Geräusche übertönt.«

Beatrice blickte auf den Fluss. »Die Strömung ist viel zu stark, da kommen wir nicht durch. Wir würden gegen die Felsen geschleudert.«

Cavelli sah ein, dass Beatrice recht hatte. Sein Blick wanderte den Fluss entlang. »So könnte es gehen.« Er wies auf einige Felsbrocken im Wasser, die nicht allzu weit voneinander entfernt lagen und zum anderen Ufer führten. Beatrice machte ein zweifelndes Gesicht, sagte aber nichts.

So schnell sie konnten, kletterten sie den steinigen Abhang zum Fluss hinab. Und Cavelli betrat den ersten Felsbrocken, der aus dem Wasser ragte, und bekam sofort Zweifel, ob diese Aktion tatsächlich durchführbar war. Die Oberfläche des Steins war im Laufe der Jahrtausende völlig glatt gespült worden und glitschig. Er hatte Mühe, sich aufrecht zu halten. Er streckte den Arm zu Beatrice aus und versuchte zuversichtlich zu klingen. »Gib mir deine Hand.«

Vorsichtig zog er Beatrice zu sich hinüber. Zu seiner Erleichterung schien sie sich auf dem Stein besser halten zu können als er. Wenn er sich recht erinnerte, hatte sie früher Ballett getanzt, wahrscheinlich war ihr Gleichgewichtssinn von daher überdurchschnittlich gut entwickelt. Stück für Stück bewegten sie sich von Felsbrocken zu Felsbrocken voran. Zweimal wäre Cavelli um Haaresbreite in den reißenden Fluss gestürzt und konnte sich nur mit Beatrices Hilfe im letzten Moment noch halten.

Es mochte nicht länger als drei Minuten gedauert haben, bis sie das andere Ufer erreicht hatten, aber Cavelli war es wie eine Ewigkeit vorgekommen. Eilig erklommen sie die Felsblöcke auf der Böschung. Cavelli war eben dabei, Beatrice das letzte Stück zu sich heraufzuziehen, als er eine Bewegung am anderen Ufer wahrnahm. Es war der Mann mit dem entstellten Gesicht. Cavelli erstarrte. »Nicht bewegen«, raunte er Beatrice zu. Er wusste, dass Objekte, die sich bewegten, leichter entdeckt wurden. Allerdings spielte es in diesem Fall keine große Rolle. Das leuchtende Rot von Beatrices Kleid wirkte hier in der Natur und im Lichte der Morgendämmerung wie eine riesige Signallampe. Im nächsten Moment hatte der Mann sie erspäht und starrte hinüber. Ein paar ewig lange Sekunden blickten er und Cavelli sich an. Dann sprang der Mann geschickt wie eine Bergziege die Böschung hinunter.

Cavelli widerstand dem Impuls loszulaufen und entschied sich, einen Moment zu warten. Ihr Verfolger würde sich noch mehr beeilen als sie beide und außerdem hatte er niemanden, an dem er sich festhalten konnte. Er würde zur Überquerung des Flusses entweder viel länger brauchen oder – und das war Cavellis heimliche Hoffnung – ausrutschen, vom Fluss fortgerissen und auf einen Felsen geschleudert werden. Das würde das Ende der Verfolgung sein. Im nächsten Moment blieb ihm fast das Herz stehen. Der Mann versuchte gar nicht erst, über die Steine zu balancieren. Ohne zu zögern, stieg er in das eiskalte Wasser. Es ging ihm bis knapp zu den Schultern und die Strömung riss ihn immer wieder fast von den Beinen, doch er schien wild entschlossen zu sein, sich nicht aufhalten zu lassen. Nach fünfzehn Sekunden hatte er den Fluss bereits zu einem Viertel durchquert.

Cavelli sah sich in Richtung der aufgehenden Sonne um und konnte durch die Bäume in etwa fünfhundert Meter Entfernung schemenhaft ein großes Gebäude erkennen. Er packte Beatrice an der Hand. »Da hinten sind

Menschen. Wenn wir es bis dahin schaffen …« Sie rannten los, doch schon nach wenigen Metern endete der Wald an einem hüfthohen Holzzaun. Dahinter befand sich ein kleiner, steiniger Abhang. Nun erkannte Cavelli auch, um was für ein Gebäude es sich handelte. Es war ein kleiner Bahnhof. Er schöpfte neue Hoffnung; wenn es ihnen gelang, einen Zug zu erreichen, bevor ihr Verfolger sie einholte, waren sie in Sicherheit.

Doch noch waren sie nicht da. Am Fuße des Abhangs lag ein riesiges Feld von Sonnenblumen, das sich nach links und rechts so weit erstreckte, wie das Auge reichte. Da würden sie erst hindurch müssen und dabei die ganze Zeit über gut sichtbar sein. Eilig hob er Beatrice über den Zaun und flankte dann selbst hinüber. Mehr stolpernd als laufend beeilten sie sich, von dem Abhang runterzukommen. Je näher sie dem Sonnenblumenfeld kamen, desto klarer wurde Cavelli, dass er die Situation von oben aus falsch eingeschätzt hatte. Die Blumen waren riesig, mindestens zwei Meter fünfzig hoch. Das war gut, sie würde Deckung vor ihrem Verfolger bieten. Im nächsten Moment befanden sie sich in dem Feld. Cavelli warf einen letzten Blick zurück. Ihr Verfolger hatte bereits den Fluss und den Wald durchquert und kletterte in diesem Moment über den Zaun.

Hatte er sie das Feld betreten sehen? Damit war leider zu rechnen.

LXIII

Rajiv rannte den Abhang hinunter. Seine Kleidung war von eiskaltem Flusswasser durchtränkt und er zitterte. Er wusste nicht, ob vor Kälte, vor Angst oder vor Wut. Wahrscheinlich alles zugleich. Cavelli und die Kingsley waren nirgendwo zu sehen, aber es war ihm völlig klar, dass sie sich in dem Blumenfeld befinden mussten und nun versuchten, zu dem Bahnhof auf der gegenüberliegenden Seite zu kommen. Im Laufen wanderten seine Blicke die Vorderseite des Feldes entlang. Waren dort nicht Blumen umgeknickt und zur Seite gedrückt worden? Ja, eindeutig. Da mussten die beiden in das Feld eingedrungen sein.

Dreißig Sekunden später hatte er die Stelle erreicht und begann, ihnen zu folgen.

Cavelli zog Beatrice weiter, ohne noch darauf zu achten, wie stark sich die Sonnenblumen dabei bewegten oder wieviel Lärm sie machten. Im Gegenteil, er versuchte, sie soweit es ging auseinander zu drücken, damit sich

Beatrice an den rauen Stielen nicht ebenso wundscheuerte wie er, zumal sie auch noch nackte Beine und Arme hatte. Gleichzeitig versuchte er, mitzubekommen, was hinter ihnen vorging. War ihr Verfolger schon nahe? Wenn er ihnen direkt folgte, würde er davon profitieren, dass Cavelli und Beatrice vor ihm bereits eine Schneise in das Blumenfeld geschlagen hatten, und wesentlich schneller vorankommen. Zumindest war noch nichts von ihm zu hören, vielleicht war er doch noch nicht so nah. Er hörte Beatrice keuchen, allmählich schienen ihr die Kräfte auszugehen und auch Cavelli bemerkte, dass er langsamer wurde.

Rajiv keuchte. Der Spur der beiden in dem Feld zu folgen war leicht, die Schneise war so unübersehbar, als sei ein Elefant hindurchgelaufen, dennoch kam er nicht gut voran. Seine Hose und seine Jacke waren vollgesogen mit Wasser und schienen eine Tonne zu wiegen. Der Stoff klebte an ihm und behinderte jede seiner Bewegungen.

Endlich war er durch das Feld durch. Er sah die beiden sofort. Sie waren etwa hundert Meter vor ihm und liefen auf einen Güterzug zu, der auf einem Abstellgleis stand. Im nächsten Moment krochen die beiden unter dem Zug hindurch und waren nicht mehr zu sehen. Rajiv fluchte und beschleunigte sein Tempo. Eine Viertelminute später hatte er den Zug erreicht und kroch ebenfalls darunter entlang auf die andere Seite. Er tat es ohne Rücksicht auf Verluste, jetzt ging es buchstäblich um jede Sekunde, er schürfte sich auf dem spitzen Schotter beide Knie auf und irgendein Metallstück, das aus dem Zug nach unten ragte, schnitt ihm in den Rücken. Doch das Schicksal belohnte ihn auch dafür. Als er sich wieder aufrichtete, waren die beiden noch gerade dreißig Meter vor ihm. Hier befanden sie sich immer noch auf den Gleisen für den Güterverkehr. Der Bahnhof war noch so weit entfernt, dass selbst wenn die Menschen dort mitkriegen würden, was hier geschah, sie ihn nicht würden erkennen können. Von links näherte sich in hohem Tempo ein Zug mit Flüssigkeitscontainern. Rajiv grinste. Dieser Zug kam genau im richtigen Moment, er würde den beiden den Weg abschneiden und dann würden sie ihm ausgeliefert sein. Er verlangsamte seine Laufgeschwindigkeit, um nicht außer Atem zu sein, wenn er sie erreichte, seine Hand tastete bereits nach dem Messer in der Tasche. Doch statt stehenzubleiben, beschleunigten die beiden ihr Tempo. Rajiv verzog ungläubig das Gesicht. Waren diese Leute wahnsinnig, hatten sie vor, Selbstmord zu begehen, indem sie sich vor einen fahrenden Zug warfen? Glaubten sie in ihrer Verzweiflung, dass das ein schmerzloserer Tod war als das, was er mit ihnen machen würde? Nun hatten sie das bewusste Gleis erreicht. In einer Sekunde würde der Zug sie erfasst haben. Er sah sie noch auf die Gleise rennen, dann verdeckte ihm der Zug die Sicht. Rajiv stockte. Er hörte weder einen Aufprall noch Schreie, auch kam der Zug nicht zum Stehen. Sollten die beiden etwa …?

Rajiv fluchte. Die beiden hatten es tatsächlich geschafft. Sie hatten die Gleise im allerletzten Moment überquert. Ein ungeheures Risiko, aber für sie hatte es sich ausgezahlt. Er stand nun wie ein Vollidiot mit geballten Fäusten da und musste warten, bis der Zug mit den mindestens zwanzig Waggons vorüber war.

Es schien eine Ewigkeit zu dauern, bis er wieder freie Sicht hatte. Die beiden waren inzwischen fast beim Bahnhof angekommen; eben rannten sie über weitere Gleise. Er sah, wie ein Bahnarbeiter in einiger Entfernung wütend die Arme schwenkte und etwas in ihre Richtung brüllte, was nicht zu verstehen war; dann kletterten die beiden auf den äußersten Bahnsteig. Im nächsten Moment liefen sie die Treppe hinunter, die zu dem Tunnel, der die einzelnen Bahnsteige miteinander verband und zum Ausgang zur Stadt führte. Nun fuhr ein Zug in den Bahnhof ein und nahm ihm erneut die Sicht. Er fluchte, beschleunigte sein Tempo und rannte um das hintere Ende des mittlerweile zum Stillstand gekommen Zuges herum. Mit einem Satz sprang er auf den Bahnsteig und stürzte zu der Treppe, die er die beiden hatte hinablaufen sehen.

Sie waren verschwunden.

Sein erster Impuls war, die Treppe hinabzuspringen und zu hoffen, dass er sie irgendwo entdecken würde, doch er zögerte. Er überlegte, was er selbst in dieser Situation tun würde, dann traf er eine Entscheidung.

LXIV

Sie waren beinahe am Fuße der Treppe angekommen gewesen, als der Zug auf dem Bahnsteig eingefahren war und Beatrice Cavelli plötzlich festgehalten hatte. Ihr Gedankengang hatte überzeugend geklungen: Sicher, in der Innenstadt bestanden gute Chancen für die beiden, von ihrem Verfolger nicht gefunden zu werden, andererseits war es dennoch möglich. Wäre es nicht viel raffinierter, den Zug, der soeben eingefahren war, als Deckung zu benutzen, die Treppe wieder hinaufzulaufen und den Zug zu besteigen, während der Mann sinnlos durch die Stadt irrte? Ein kurzer Moment des erhöhten Risikos für anschließend garantierte Sicherheit.

Immer zwei Stufen auf einmal nehmend, waren sie die Treppe wieder hinaufgeeilt, hatten sich eilig an zwei Fahrgästen vorbeigedrängt, die gerade einsteigen wollten, und den Zug bestiegen. Keine Sekunde zu früh, denn in diesem Moment hatte der Verfolger den Bahnsteig betreten und war zur Treppe gelaufen, die nach unten führte. Dabei war er so dicht am Zug entlanggelaufen, dass Cavelli ihn vom Fenster aus hätte berühren können. Schnell hatten sie den Gang verlassen, ein leeres Abteil aufgesucht und die Tür geschlossen.

Angespannt starrten sie auf jeden Fahrgast, der an ihrem Abteil vorbei ging. Warum um Himmels willen fuhr der Zug denn nicht los? Es kam Cavelli vor, als würde er bereits seit fünf Minuten stehen. Gab es irgendeine Verzögerung?

Endlich ertönte der erlösende Pfiff des Bahnhofvorstehers und der Zug setzte sich schwerfällig in Bewegung. Cavelli und Beatrice atmeten auf. Sie hatten es geschafft.

Mit einem Male fühlte Cavelli sich unendlich müde. Die Energie, die er bis eben gehabt hatte, war nur den ungeheuren Mengen Adrenalin zu verdanken gewesen, welche von seinem Körper in Panik freigesetzt worden waren, nun überfiel ihn die Erschöpfung umso heftiger. Auch Beatrice schien sich kaum noch wach halten zu können. Sie hatte sich mit angezogenen Beinen auf ihrem Sitz zusammengekauert, den Kopf an die Wand des Abteils gelehnt und befand sich offenbar bereits im Halbschlaf. Wie lange waren sie nun eigentlich wach? Es mussten fast vierundzwanzig Stunden sein.

Erst jetzt fiel ihm auf, dass sie gar nicht nachgesehen hatten, wohin der Zug fuhr. Aber spielte das eine Rolle? Einfach nur weg von hier, nur darauf kam es jetzt an, alles andere würde sich finden.

Cavelli öffnete das Abteilfenster, um frische Luft hineinzulassen, streckte die Beine aus, schloss ebenfalls die Augen und war nach fünf Sekunden eingeschlafen.

Er wusste nicht, ob er das Geräusch geträumt oder tatsächlich gehört hatte, aber ein unmittelbar präsentes Gefühl der Bedrohung ließ ihn hochschrecken. Er sah gerade noch, wie ein Messer aufblitzte und direkt auf ihn zukam. Instinktiv warf er sich zur Seite. Er spürte, wie die Klinge die Schulter seines Jacketts aufschlitzte. Der Mann mit dem entstellten Gesicht zögerte keine Sekunde und stieß erneut nach ihm. Cavelli machte eine abwehrende Bewegung mit der Hand und hörte jemanden aufschreien. Erst im nächsten Augenblick bemerkte er, dass er selbst geschrien hatte – das Messer war tief in seine Handfläche eingedrungen, aber er hatte keine Zeit, sich darum zu kümmern, denn schon kam das Messer ein drittes Mal auf ihn zu. Irgendetwas in seinem Unterbewusstsein registrierte, dass Beatrice aufgesprungen war und ebenfalls etwas schrie. Er lag mit dem Rücken auf dem mittleren Sitz und nahm fast teilnahmslos wahr, dass sich sein Hemd rot färbte. Offenbar war er erneut getroffen worden, doch er wusste nicht, wo. Er wusste nur eins: Wenn er jetzt nicht handelte, würde es in wenigen Sekunden mit ihm vorbei sein. Er zog seine Beine an und trat dem Mann mit aller Kraft gegen die Brust. Dieser taumelte zurück und schnappte nach Luft wie ein Fisch, der an Land gespült wurde. Cavelli sprang auf und drückte dem Mann den Unterarm gegen die Kehle und drängte ihn zum Fenster. Doch der lehnte sich rückwärts aus dem Fenster, so dass Cavelli den Druck nicht aufrechterhalten konnte. Er sah den Mann wild um sich stechen und spürte, wie das Messer seinen Oberarm traf. Cavelli merkte, wie seine Kräfte immer mehr nachließen, noch ein oder zwei Sekunden, dann würde er den Mann loslassen müssen und einen Augenblick später würde ihm das Messer eine tödliche Wunde zufügen. Dann bemerkte er zwei Dinge: Beatrice kniete am Boden und im nächsten Moment sah er den Mann rückwärts aus dem Zugfenster fallen.

LXV

Es war sieben Uhr dreißig, als Lydia Bevilaqua ihr Büro im zweiten Stock verließ, den Fahrstuhl ignorierte und sich im Treppenhaus auf den Weg nach oben machte. Wie fast allen Mitarbeitern der Töchter Marias war es ihr in Fleisch und Blut übergegangen, der Organisation Geld zu sparen, wo es nur ging, und eine Fahrstuhlfahrt verbrauchte nun einmal Strom.

Eigentlich begann ihr Dienst erst um acht, doch oft war sie schon um sieben oder sogar noch früher da. Sie lebte allein und litt unter Schlaflosigkeit, da konnte sie ihre Zeit im Büro sinnvoller nutzen.

Lydia Bevilaqua war nicht wirklich eine Italienerin. Geboren und aufgewachsen war sie in einem Land, das gerade einmal sechzig Quadratkilometer groß war, nur dreißigtausend Einwohner hatte und das komplett auf dem Staatsgebiet von Italien in der Nähe von Rimini lag. Sie stammte aus dem ältesten unabhängigen Staat der Welt: San Marino. Mit Italien hatte das Land zwei große Gemeinsamkeiten: Man sprach dort Italienisch und die meisten Menschen waren Katholiken. Doch hier endeten die Gemeinsamkeiten auch schon größtenteils. Den letzten Krieg hatte San Marino im Jahre 1463 geführt und seitdem hatte sich sein Hoheitsgebiet nicht mehr verändert. Stolz hatte es sich allen Eroberungsversuchen immer wieder erfolgreich widersetzt und seine Freiheit behauptet. Das hatte sogar Napoleon imponiert, als er durch Italien zog, so dass er das kleine Land nicht antastete und stattdessen verkündete: »Man muss San Marino als Beispiel der Freiheit aufrechterhalten.« Heute hatte es mit fast einundachtzig Jahren die weltweit höchste Lebenserwartung für Männer, eine der niedrigsten Arbeitslosenquoten, keine Schulden und war pro Kopf gesehen eines der reichsten Länder der Welt. Es herrschte dort eine direkte Demokratie mit kurzen Amtszeiten, so dass angesichts der zahlenmäßig kleinen Bevölkerung fast jeder jemanden in der Familie hatte, der irgendwann einmal der Regierung angehört hatte.

Vielleicht spielte auch oft Neid dabei eine Rolle, aber nicht wenige Menschen hielten Lydia Bevilaqua als stellvertretende internationale Leiterin der Töchter Marias für eine Fehlbesetzung. Man sagte, sie sei zu weich, zu naiv, zu freundlich. In San Marino aufzuwachsen war sicher sehr angenehm, aber das war nicht die wirkliche Welt, die Welt, in der es rau zuging und in der jeder versuchte, den anderen zu betrügen. Und die Menschen, die so redeten, hatten durchaus recht. Genau so war Lydia

Bevilaqua, aber genau das waren auch die Gründe, warum Maria Crespo sie auf diesen Posten berufen hatte. Lydia Bevilaqua glaubte hundertprozentig an das, was sie tat, und konnte dies im Fernsehen oder bei wichtigen Konferenzen mit der Regierung oder Geldgebern überaus glaubwürdig und überzeugend – wenn auch wenig charismatisch – vertreten. Andererseits war sie nach innen absolut loyal, niemals hätte sie eine Entscheidung, die von Tochter Maria stammte, in Zweifel gezogen oder gar versucht, sie aus dem Chefsessel zu verdrängen.

Concepción war mit ihrem verpackten Geschenk auf den Knien in einem etwas futuristischen, aber sehr weichen Ledersofa versunken und betrachtete verstohlen ihre Schuhspitzen. Sie waren sauber.

Der Fahrer, der sie im Wohnheim der Töchter Marias in Rom abgeholt hatte, war fast eine Stunde vor der verabredeten Zeit gekommen und hatte die hundertfünfundachtzig Kilometer nach Siena in Rekordzeit zurückgelegt. Nun saß Concepción seit sieben Uhr fünfzehn (eine Dreiviertelstunde zu früh) in dem kleinen Vorzimmer von Tochter Maria, fühlte sich schrecklich unwohl und verhielt sich so still sie konnte, um die Sekretärin nicht zu stören. Zum wiederholten Male wanderte ihr Blick zu dem Bild der Jungfrau Maria an der Wand gegenüber. Nicht eines, wie man es kaufen konnte, sondern ein selbstgemachtes aus bunten Mosaiksteinchen.

Die Sekretärin schien ihren Blick bemerkt zu haben.

»Tochter Maria hat es selbst angefertigt«, bemerkte sie mit einem gewissen Stolz. Concepción nickte beflissen und bedankte sich. Dann betrachtete sie das Bild genauer. Es war nicht besonders kunstvoll, das musste Concepción zugeben, aber es berührte sie trotzdem tief. Sie spürte, dass dieses Bild der Madonna alles, was ihm an handwerklichem Geschick fehlte, durch die tiefempfundene Herzensliebe von Tochter Maria doppelt und dreifach wieder auszugleichen wusste.

Sie wandte den Blick ab und ging zum hundertsten Mal alles durch, was sie sich für das Gespräch mit Tochter Maria zurechtgelegt hatte.

Als Lydia Bevilaqua das Vorzimmer betrat, stöhnte sie innerlich auf. Auf dem Sofa saß eine junge Frau, die Lydia sofort an Südamerika denken ließ. Ganz eindeutig eine Campleiterin, die heute Tochter Maria ihren Ad-limina-Besuch abstattete. Die Chefin nahm sich immer sehr viel Zeit für diese Mitarbeiterinnen, leider manchmal *zu viel,* wie Lydia fand. Sicher, diese Frauen arbeiteten sehr hart und das für sehr wenig Geld und unter sehr strapaziösen Bedingungen. Das Ganze funktionierte nur über grenzenlosen Idealismus, und um den neu zu befeuern, wirkte ein Treffen mit der Galionsfigur der Organisation wahre Wunder. Andererseits gab es auch hier jeden Tag sehr viel zu erledigen und ein mehrstündiger Besuch sorgte nun mal dafür, dass vieles nicht weiterging und sich Arbeit aufstaute.

Sie warf einen Blick auf die junge Frau. Die ehrfürchtige Art, mit der sie das von Tochter Maria selbstgefertigte Bild der Muttergottes betrachtet hatte, ließ tief blicken: eine wahre Gläubige. Lydia bewunderte ihre Chefin und war ihr treu ergeben, aber das führte bei ihr nicht dazu, dass sie aufhörte zu denken. Das Bild, das musste jeder vernünftige Mensch bemerken, war einfach schrecklich amateurhaft ausgeführt und gehörte ihrer Meinung nach definitiv nicht auch noch stolz hier ausgestellt. Zum Glück wusste außer ihr und einigen engen Mitarbeitern niemand, wer der Urheber dieses Machwerks war.

Die Sekretärin nickte Lydia zu. »Sie können gleich reingehen.«

LXVI

Waren zwei Stunden vergangen oder nur zehn Sekunden? Als Rajiv die Augen öffnete, hätte er es nicht zu sagen vermocht. Er wusste nicht einmal, warum er auf dieser Böschung lag. Das Einzige, was er wusste, war, dass jeder Knochen in seinem Körper höllisch schmerzte. Er schrak zusammen, als zwei Meter neben ihm ein Zug vorbeifuhr, den er nicht hatte kommen sehen. Langsam kam die Erinnerung zurück. Dieser Frau hatte seine Unterschenkel umklammert und ihn rückwärts aus dem fahrenden Zug gekippt. Er konnte froh sein, dass er nicht tot war. Vorsichtig bewegte er nacheinander Füße, Beine und Arme. Als er die Hände bewegte, stellte er fest, dass er das Messer immer noch in der Hand hatte und dass sein rechtes Handgelenk gebrochen war. Mühsam richtete er sich auf, zumindest seine Wirbelsäule schien den Sturz unbeschadet überstanden zu haben. Auch sein Kopf schmerzte nicht. Er hatte wirklich ungeheures Glück gehabt. Er steckte das Messer ein, bekreuzigte sich und dankte der Jungfrau Maria für ihre Gnade.

Viel schlimmer als die körperlichen Schmerzen war jedoch das Wissen, dass er versagt hatte. Tochter Maria hatte ihm einen klaren und einfachen Auftrag gegeben, sie hatte voll und ganz auf ihn vertraut und er hatte versagt. Bereits zum zweiten Mal hatte er sie im Stich gelassen. Ein unerträgliches Gefühl von Schande überwältigte ihn und Tränen der Scham rannen über sein Gesicht.

Dann nahm er ein leises Brummen wahr. Er sah sich um und entdeckte sein Wegwerfhandy. Seine Verbindung zu Taroun. Es musste ihm bei dem Sturz aus der Tasche gefallen sein. Nun lag es im Gras und vibrierte. Ächzend bückte er sich und hob es auf. Das Display war gesplittert, aber ansonsten schien das Gerät zu funktionieren. Er drückte auf die Taste und meldete sich mit dem vereinbarten Namen: »Hier ist Paolo?«

Die Stimme am anderen Ende war nicht die von Taroun. Es schien sich um eine junge Frau zu handeln: »Hallo, Sie kennen mich nicht. Ich hab dieses Handy vor der Gemelli-Klinik in Rom gefunden. Vielleicht können Sie mir ja sagen, wem es gehört, dann kann ich es dem Besitzer zurückgeben.«

Für einen oder zwei Augenblicke war Rajiv irritiert, damit hatte er nicht gerechnet. Dann traf es ihn wie ein Keulenschlag; die Sache hatte einen Haken. Sicher, Taroun konnte das Telefon verloren haben, aber wie hatte die Frau das Gerät zum Telefonieren entsperrt? Das konnten nur Hacker und Ermittlungsbehörden. Es war völlig klar: Diese Frau arbeitete für die Polizei und Taroun war entweder verhaftet worden oder tot. Wahrscheinlich lief in diesem Moment ein Programm, um Rajiv – die einzige Person, deren Nummer in Tarouns Handy gespeichert war – zu orten. Rajiv drückte hastig auf den roten Knopf, um das Gespräch zu beenden. So schnell er es mit seinem gebrochenen Handgelenk vermochte, entfernte er die SIM-Karte und zerbrach sie. Zur Sicherheit zertrümmerte er das Handy noch mit einem Stein, es hatte ohnehin ausgedient. Die einzige Frage, die sich nun stellte, war, ob Taroun vor seinem Tod oder seiner Verhaftung noch in der Lage gewesen war, Oberst Durand zu töten. Rajiv bezweifelte es, aber selbst wenn doch – nun war klar, dass nicht Cavelli der ursprüngliche, aus Eifersucht handelnde Attentäter gewesen war.

»Brauchen Sie Hilfe?«

Rajiv wirbelte herum. In etwa zehn Metern Entfernung, am unteren Ende der Böschung stand auf einem Feldweg eine etwa fünfzig Jahre alte Joggerin, die besorgt zu ihm heraufblickte. Verständlicherweise. Seine Kleidung war schmutzig und zerrissen und sein Gesicht voller Schrammen. Instinktiv griff er in die Tasche nach seinem Messer. Die Frau hatte ihn gesehen und würde ihn identifizieren können. Langsam bewegte er sich die Böschung hinab auf sie zu, wobei er mehr humpelte als nötig. »Danke. Bin mit dem Fahrrad gestürzt.« Er deutete vage in das hohe Gras hinter sich. Er zog das Messer unauffällig hervor und verbarg es hinter seinem Rücken.

Noch drei Meter, dann würde er die Frau erreicht haben. Er sah nach links und rechts, um sich davon zu überzeugen, dass niemand in der Nähe war. Mit der linken Hand öffnete er das Messer.

Dann wurde ihm bewusst, dass es keine Rolle mehr spielte, Cavelli und die Kingsley wussten über ihn Bescheid und würden zweifellos zur Polizei gehen. Die Frau zu töten würde nichts mehr ändern. Er nickte ihr zu und begann, in die Richtung zu gehen, aus der sie gekommen war. Er konnte förmlich spüren, wie ihn die Frau von hinten verblüfft anstarrte, aber es war ihm egal. Jetzt ging es nur noch darum, schnell zurück nach Siena zu gelangen und Tochter Maria darüber aufzuklären, dass alles verloren war.

LXVII

Es waren nicht einmal zehn Minuten vergangen, als Lydia Bevilaqua Tochter Marias Büro wieder verließ. Das Gespräch war irgendwie seltsam gewesen. Lydia hatte über ihre Sorge gesprochen, eines ihrer besonderen Herzensprojekte nicht fortführen zu können, bei dem es an Spendengeldern fehlte. Eine Schule im Sudan, in der Lormen unterrichtet wurde, ein spezielles System, das es ermöglichte, mit Taubblinden zu kommunizieren, indem man bestimmten Buchstaben zugeordnete Punkte auf ihrer Handfläche berührte.

Lydia Bevilaqua hatte den Eindruck gehabt, dass ihre Chefin gar nicht richtig zuhörte. Sie hatte müde gewirkt, aber gleichzeitig auch so gelöst und zufrieden, wie Lydia sie noch nie erlebt hatte.

Irgendetwas musste über Nacht geschehen sein.

LXVIII

Das Zugabteil sah aus wie ein Schlachthaus. Blut von Cavelli befand sich auf den Sitzen, auf dem Boden und an der Fensterscheibe. Die Luft roch nach Eisen. Auch auf seinem hellen Leinenanzug und dem weißen Hemd waren Flecken, der linke Ärmel seines Jacketts war blutdurchtränkt. Er fühlte sich zittrig und furchtbar durstig.

Entsetzt sah Beatrice zu, wie Cavelli auf einem der Sessel niedersank. Sein Zustand versetzte sie in Panik, er war leichenblass im Gesicht. Eilig nahm sie den schmalen Gürtel ab, den sie um die Taille ihres Kleides trug, und band seinen Oberarm ab. Dann kniete sie sich vor ihm hin, nahm seine Gesicht in ihre Hände. Sie erschrak darüber, wie kalt seine Haut war. »Hörst du mich, Don?« Cavelli nickte schwach. »Du musst jetzt wach bleiben, hörst du? Alles wird wieder gut. Ich bin jetzt ein paar Minuten weg, um Hilfe zu holen, und dann …«

Cavelli griff kraftlos nach ihrem Arm. Seine Stimme war kaum noch zu hören. »Nein, nicht weggehen, bitte …«

Beatrice schluckte, ihr Mund war trocken. »Ich muss, Don, ich muss, ich komme gleich wieder, ich verspreche es dir, alles wird wieder gut, hörst du, Don, alles wird wieder gut …«

LXIX

Concepción saß erneut im Vorzimmer von Tochter Maria. Nun wartete sie auf den Fahrer, der sie zum Bahnhof bringen würde. Die Sekretärin hatte sich nach einem Anruf, den sie erhalten hatte, entschuldigt und war verschwunden. Concepción war es nur recht, allein zu sein. Noch immer fühlte sie sich etwas berauscht. Das Gespräch hatte fast eine Stunde gedauert und war ganz anders verlaufen, als sie es sich vorgestellt hatte. Tochter Maria selbst hatte nicht viel gesagt, stattdessen hatte sie Concepción von all den Problemen sprechen lassen, mit denen sie in ihrem Camp Chuquisaca konfrontiert war. Es war eine lange Liste gewesen. Tochter Maria hatte zwar keine Hilfe versprechen können, aber viel Verständnis gezeigt und es hatte Concepción gutgetan, ihre Schwierigkeiten endlich einmal darlegen zu dürfen. Angesichts Tochter Marias warmer Anteilnahme hatte sie neue Kraft und Zuversicht in sich verspürt.

Zum ersten Mal seit langer Zeit fühlte sie sich vollkommen glücklich.

LXX

Eine seltsame Ruhe hatte Maria Concetta Crespo erfasst. Nachdem die Campleiterin aus Bolivien endlich gegangen war, hatte Rajiv ihr Büro betreten. Er war in einem furchtbaren Zustand gewesen. Unten in der Kapelle hatte er ihr dann gebeichtet, dass sowohl er als auch Taroun gescheitert waren. Zu ihrem eigenen Erstaunen war sie überhaupt nicht entsetzt gewesen. Ganz ruhig war sie die Treppe emporgestiegen, während ihr Rajiv wie ein geprügelter Hund folgte, und hatte sich eine Zigarette angezündet.

Nun stand sie am großen Panoramafenster ihres Büros, sah auf die Stadt hinunter und dachte an Cavelli und Beatrice Kingsley. Die beiden würden zweifellos zur Polizei laufen und dort alles zu Protokoll geben, was sie wussten. Allerdings waren die Anschuldigungen angesichts ihrer Ungeheuerlichkeit äußerst unglaubhaft. *Tochter Maria eine Verbrecherin? Lächerlich!* Andererseits waren beide angesehene Professoren der Sapienza-Universität und nicht irgendwelche Spinner und dieser Cavelli hatte zweifellos hervorragende Kontakte innerhalb des Vatikan. So unwahrscheinlich ihre Geschichte auch klang, letztlich würde man nicht umhinkönnen, ihre Angaben zu überprüfen. Maria machte sich keine Illusionen. Das Spiel war aus. Sie hatte immer gewusst, dass dieser Tag irgendwann kommen würde. Es war ein Glücksspiel mit hohem Risiko gewesen und wie jede lange Glückssträhne hatte auch diese irgendwann enden müssen. Nun war es soweit. Jesus hatte man mit dreiunddreißig Jahren gekreuzigt, sie war bereits achtunddreißig, es hatte länger gedauert, als sie je zu hoffen gewagt hätte.

Sie versuchte, sich die Abläufe vorzustellen. Wie lange würde es wohl dauern, bis die Polizei in ihrem Büro stand, bis man sie verhörte, ihre Unterlagen beschlagnahmte? Einen Monat? Eine Woche? Zwei Tage? Früher auf keinen Fall. Es bestand kein Grund zur Eile. De Bruyn hatte ganze Arbeit geleistet. Das Finanzsystem der Töchter Marias war absichtlich so kompliziert und verästelt angelegt worden, dass selbst Experten Monate brauchen würden, um es zu durchschauen und festzustellen, dass viele Millionen Euro beiseitegeschafft worden waren. Doch so lange würde sie nicht warten. Sie hatte sich seit Jahren vorbereitet. Alles war bis ins Detail geplant. Mit ihrem zweiten Pass, einer anderer Frisur und Haarfarbe und anderem Make-up würde sie sich in einen komplett anderen Menschen verwandeln und Tochter Maria würde für immer von der Bildfläche verschwinden.

Auf ihre Nummernkonten hatte sie von überall auf der Welt anonym Zugriff. Und dann waren da noch die Diamanten, die sie in weiser Voraussicht stets in ihrer unmittelbaren Nähe aufbewahrt hatte. Der Kaufpreis der in kleineren Tranchen erworbenen Steine hatte insgesamt einundfünfzig Millionen Euro betragen. Allein damit – falls es mit den Konten unvorhergesehene Schwierigkeiten geben sollte – konnte sie überall auf der Welt ein sorgenfreies Leben im Luxus führen. Ein Gefühl der Erleichterung und ungeheurer Freiheit durchflutete sie. Es war, als würde eine zentnerschwere Last von ihren Schultern genommen werden. Sie fühlte sich so glücklich, dass sie das Bedürfnis verspürte zu tanzen.

Doch noch war es nicht soweit, vorerst galt es, einen klaren Kopf zu bewahren und keinen Fehler zu machen, insbesondere weil sich vor ihren Augen urplötzlich eine Gelegenheit aufgetan hatte, die nicht eingeplant gewesen war. Sie durfte jetzt nur nicht die Nerven verlieren.

Als erstes griff sie zum Telefon und drückte auf den Knopf, der sie mit ihrer Sekretärin verband. »Benedetta, sein Sie so gut und gehen Sie in die Apotheke und besorgen mir etwas gegen meine Kopfschmerzen.«

»Nicht nötig, ich hab Aspirin hier.«

Maria zögerte einen Moment. »Vielen Dank, aber ich – brauche wohl etwas Stärkeres.«

»Gut, ich werde mich beeilen.«

Maria legte auf. Benedetta war für mindestens eine halbe Stunde aus dem Weg. In der Zwischenzeit würde sie das Büro ungesehen verlassen können. Aber bis dahin war noch einiges zu erledigen. Sie wandte sich an Rajiv, der immer noch unsicher im Zimmer herumstand und ängstlich zu ihr hinübersah. Sie lächelte. »Du kannst nichts dafür, du hast dein Bestes gegeben. Mehr kann man nicht verlangen. Es war Gottes Wille, dass es so gekommen ist.« Sie senkte ihre Stimme. »Lass uns beten, Rajiv.« Sie deutete auf den Betstuhl und wartete, bis er auf dem mit rotem Samt bezogenen Brett kniete. Während Rajiv mit gesenktem Kopf und geschlossenen Augen betete, nahm Maria den antiken Brieföffner von ihrem Tisch und zog ihren rechten Ärmel nach oben. Bedächtig trat sie von hinten an ihn heran, riss seinen Kopf an den Haaren zurück und stieß ihm den spitzen Öffner von vorne in die weiche Stelle unten am Hals. Sie wunderte sich selbst, wie leicht ihr das fiel. Mit weit geöffneten Augen starrte Rajiv sie an, während aus seinem Mund gurgelnde Geräusche kamen. Aus seinem Blick sprach eher Fassungslosigkeit als Entsetzen. Maria war drei Schritte zurückgetreten, um nicht von dem Blut besudelt zu werden, das aus seinem Hals quoll, und beobachtete Rajivs verzweifelte Versuche, aufzustehen. Er hatte es fast geschafft, als ihn die Kräfte verließen und er zu Boden stürzte, wobei er den Betstuhl mit sich riss. Noch lebte er, aber sein Röcheln wurde bereits schwächer.

Maria wandte sich ab. Es gab keinen Grund, bis zum Ende zuzusehen, die Zeit drängte. Sie durchquerte das

Büro, öffnete die verborgene Tür zum Bad und begann, sich abzuschminken. Nachdem sie auch ihre Frisur geändert hatte, ging sie zu einem Schrank, dessen Inhalt sie bereits vor vier Jahren für »jenen Tag« bereitgelegt hatte. Sie zog ihr maßgeschneidertes Gewand aus und schlüpfte in ein billiges, wie es auch alle anderen Töchter Marias trugen. Dann setzte sie eine schwarzgeränderte Brille mit Fensterglas auf. Sie sah nun mindestens zehn Jahre älter aus und war nicht wiederzuerkennen.

Als Nächstes zog sie den Ring mit der stilisierten Madonna von ihrem Finger und trat zu Rajiv, dessen Augen inzwischen starr zur Decke blickten. Sie bückte sich und steckte ihm den Ring an den Finger. Erneut ging sie zu dem Schrank und holte einen bis obenhin gefüllten Benzinkanister hervor. Es war ihr nie ganz wohl dabei gewesen, ihn in ihrem Büro aufzubewahren, aber nun zahlte sich diese Weitsicht aus. Sie schraubte den Deckel des Kanisters ab und goss vorsichtig das ganze Benzin über Rajiv aus, wobei sie darauf achtete, dass nichts davon an ihre Kleidung geriet. Dann warf sie ihr altes Gewand über ihn. Ursprünglich war sie davon ausgegangen, bei ihrer Flucht Beweise zu vernichten und Chaos stiften zu müssen, aber das Schicksal in Gestalt des Zufalls – ganz sicher nicht in der Gestalt Gottes – hatte es gut mit ihr gemeint. Rajiv trug jetzt nicht nur ihren Ring, sondern er war auch klein und schmal. Wenn er bis zur Unkenntlichkeit verbrannt sein würde, standen die Chancen gar nicht schlecht, dass man seine Überreste für die ihren halten würde. Es würde keine Veranlassung geben, nach ihr zu suchen. Ihre Sekretärin Benedetta würde sich zweifellos an den Mann erinnern, der als letzter Tochter Marias Büro betreten hatte. Es lag auf der Hand, dass der Mann Maria ermordet, das Büro in Brand gesteckt hatte und dann geflohen war. Einer der vielen gottlosen Fanatiker, die überall auf der Welt auch immer wieder die Camps der Töchter Marias überfielen.

Zuletzt ging sie zum Schreibtisch, klappte den Laptop zu, stöpselte ihn ab und stellte ihn auf ein kleines Tischchen neben der Bürotür. Nun musste sie nur noch ihr stählernes Zippo-Feuerzeug betätigen, es auf Rajivs Leiche werfen und dann verschwinden. Wie den meisten Leuten war ihr nicht klar, dass verschüttetes Benzin sehr schnell Dämpfe bildet, die sich über viele Meter verteilen und ebenfalls hoch brennbar sind. Ihr war nicht bewusst, dass das ganze Büro und ihr Gewand bereits voll damit waren. Kaum hatte sie am Rädchen ihres Feuerzeugs gedreht, stand sie bereits lichterloh in Flammen.

LXXI

Eine Art Rauschen ließ Concepción aufblicken. Es kam von der anderen Seite der Tür zu Tochter Marias Büro.

Das Rauschen klang irgendwie nicht gut. Beunruhigt stand sie auf und klopfte. Dann ein zweites Mal, diesmal lauter.

Es kam keine Antwort.

Sie nahm all ihren Mut zusammen, öffnete die Tür und erstarrte. Fast das gesamte Büro stand in Flammen. Der gesamte Teppichboden, die Vorhänge, der Schreibtisch und große Teile der Wandtapete brannten bereits und mit jeder Sekunde breitete sich das Feuer weiter aus. Concepción starrte in die Flammen. Irgendwo in diesem Inferno mussten Tochter Maria und ihr Besucher sein – tot. Der Gedanke daran nahm ihr fast die Luft zum Atmen. Aber nur einen Moment lang. Dann riss sie sich zusammen, dies war nicht die erste Katastrophe, die sie erlebte, und nicht zum ersten Mal war sie es, die sich darum zu kümmern hatte. Die Hitze war mittlerweile unerträglich und Concepción wollte schon die Tür schließen, als ihr Blick auf einen Laptop fiel, der auf einem kleinen Tischchen stand. Tochter Marias wichtige Unterlagen. Instinktiv griff sie danach. Dann lief sie zum Schreibtisch der Sekretärin und verständigte die Feuerwehr.

Aus irgendeinem Grund schien es in diesem Gebäude weder einen Feueralarm noch eine Sprinkleranlage zu geben. Leider ein nicht seltener Zustand bei religiösen Institutionen, die derlei Gerätschaften für ein Misstrauensvotum gegenüber Gott halten und sie daher ablehnen. Stockwerk für Stockwerk rannte Concepción von Büro zu Büro, um alle zu verständigen. Nach knapp zehn Minuten hatte sie es geschafft, alle ins Freie zu treiben.

In der Ferne war schon die Sirene der Feuerwehr zu hören.

LXXII

Wie immer in den Sommermonaten hatte Cavelli fast sein ganzes Leben aus seiner Wohnung auf seine riesige Dachterrasse hoch über den Vatikanischen Gärten verlagert. Es war bereits nach zweiundzwanzig Uhr, aber noch immer war es warm. Irgendwo in der Ferne plätscherte ein Springbrunnen und der Duft der Gärten war allgegenwärtig.

Von seinem schweren Blutverlust hatte er sich vollständig erholt, aber es war knapp gewesen. Beatrice hatte ihm das Leben gerettet. Sie hatte sofort seinen Arm abgebunden und so verhindert, dass er noch mehr Blut verlor, dann war sie durch den Zug gelaufen, hatte einen Schaffner über die Notlage informiert und den zunächst widerwilligen Mann gezwungen, einen außerplanmäßigen Halt im nächsten Dorf zu machen. Bei ihrem Eintreffen hatte schon ein Krankenwagen bereitgestanden, der sie beide in das nächste Krankenhaus brachte. Schon unterwegs hatte er eine Infusion erhalten, später dann auch noch eine Bluttransfusion. Beatrice war die ganze

Zeit an seiner Seite gewesen, hatte sich um ihn gekümmert, jeden angeschnauzt, der ihrer Meinung nach nicht schnell genug half, und obendrein noch alle über ihre Namen belogen, indem sie behauptete, der Angreifer hätte ihnen nicht nur Geld, sondern auch die Papiere geraubt. Eine tolle Frau.

Wie so oft saß Cavelli mit Joseph Mattlin, dem Privatsekretär des Heiligen Vaters zusammen, dem einzigen echten Freund, den er im Vatikan hatte.

Vor vier Tagen war Oberst Durand aus dem künstlichen Koma erwacht. Er war immer noch schwach und würde noch lange brauchen, um sich zu regenerieren, aber er hatte überlebt. Einen Tag später war er erstmals von der Vatikanischen Polizei befragt worden und hatte ausgesagt, dass Vizekommandant Brunner auf ihn geschossen habe. Daraufhin eingeleitete labortechnische Untersuchungen hatten bestätigt, dass sich Schmauchspuren an Brunners rechter Hand, seinem Gesicht und seinem Ärmel befanden. Er hatte zweifellos eine Waffe abgefeuert. Überdies stammte das Projektil, das aus Oberst Durands Brust herausoperiert worden war, eindeutig aus Brunners Glock 19.

Kurz darauf hatte sich eine der Nonnen aus der Casa Dono di Maria gemeldet und zu Protokoll gegeben, dass Vizekommandant Brunner am Abend des Attentats die Casa durch die Tür der Glaubenskongregation betreten und einen Mann, der im Gesicht entsetzliche

Entstellungen gehabt habe – nach ihrer Einschätzung handelte es sich um Lepra – mit sich genommen hatte. Damals hatte sie dem Vorgang keinerlei Bedeutung beigemessen, doch angesichts der letzten Entwicklungen war es ihr nun doch in einem ganz anderen Licht erschienen.

Major Clerc, der derzeitig amtierende Kommandant der Schweizer Garde, hatte daraufhin die Bänder der Überwachungskameras überprüfen lassen und war dabei auf etwas überaus Seltsames gestoßen. Offensichtlich hatte Jean Brunner versucht, sämtliche Kameras zu umgehen, und fast wäre es ihm auch gelungen, doch an zwei Stellen war er für wenige Sekunden mit dem anderen Mann zu sehen gewesen. Das alles deckte sich haargenau mit dem, was Cavelli und Beatrice Kingsley inzwischen ausgesagt hatten.

Joseph Mattlin griff in das kleine Schälchen auf dem Tisch und steckte sich eine grüne Olive in den Mund. »Ich kann Ihnen versichern, Don, wir haben lange überlegt und beraten und viel darüber gebetet, und obwohl natürlich manches dagegenspricht, sind wir letztendlich zu dem Schluss gelangt, die ganze Angelegenheit diskret zu behandeln. Natürlich ist die Wahrheit ein hohes Gut, aber dasselbe trifft auch auf die Barmherzigkeit zu. Und dort, wo die Wahrheit nur Schaden anrichtet und niemandem hilft, sollten wir uns für die Barmherzigkeit entscheiden. Jean Brunner hat unter schrecklichem

Zwang, aus Sorge um seine Tochter, so gehandelt. Zudem ist er tot und kann nicht mehr bestraft werden. Welchen Nutzen hätte es also, den Namen der Schweizer Garde und das Vertrauen, das sie überall genießt, mit einem Skandal zu beschmutzen? Und vergessen wir nicht seine Tochter. Das arme Kind hat ihren Vater verloren. Ist das nicht schon genug Leid? Zumal die Männer, welche die eigentlichen Urheber des Attentats auf Oberst Durand sind, nicht mehr leben. Es besteht also keine Gefahr mehr.«

Cavelli nahm einen Schluck Rotwein. »Genaugenommen waren diese beiden Männer nur kleine Handlanger, die wahre Verantwortliche …«

Mattlin hob die Hand, um Cavelli zum Schweigen zu bringen. »Ich weiß, ich weiß, Don. Glauben Sie mir. Das ist das andere Thema, auf das ich zu sprechen kommen wollte. Und dies ist noch weit wichtiger. Es ist unbestreitbar, dass Tochter Maria Millionen in die eigenen Taschen gesteckt hat. Eine päpstliche Kommission ist immer noch dabei, alle Transaktionen unter die Lupe zu nehmen. Was den Verbleib der Diamanten, die sie erwähnten, angeht, tappt man noch im Dunkeln, Don, aber Ihre Hinweise zu den ausländischen Konten waren äußerst hilfreich. Es konnten bereits fast dreißig Millionen Euro sichergestellt werden, die nun der karitativen Arbeit zugutekommen können. Noch einmal danke dafür, Don.«

Cavelli winkte etwas verlegen ab und murmelte irgendetwas von »Zufall«.

»Die Verbrechen und Unterschlagungen sind die eine Seite«, fuhr Mattlin fort. »Aber auf der anderen Seite ist diese Organisation weltweit tätig und tut Gutes. Millionen vertrauen ihr. Wenn dieser Skandal öffentlich wird, ist es mit beidem vorbei und die Opfer wären nicht nur die Mitarbeiter, die sich seit vielen Jahren voller Hingabe für die Töchter Marias engagiert haben und die an ihre Mission glauben, sondern viel mehr noch die Menschen, die überall auf der Welt auf Hilfe angewiesen sind. Lydia Bevilaqua, die Stellvertreterin, scheint eine fähige und integre Person zu sein und wir vertrauen darauf, dass sie die Organisation im besten Sinne weiterführt. Zum Wohle aller. Daher meine Frage: Können wir uns auf Ihre Diskretion verlassen, Don?«

Cavelli nickte. Er hatte sich bereits ganz ähnliche Gedanken gemacht. »Einverstanden. Und ich werde auch mit Signora Kingsley sprechen. Möglicherweise wird es nicht ganz einfach, sie hat ihren eigenen Kopf und kann zuweilen etwas eigensinnig sein, aber ich bin ziemlich zuversichtlich, dass sie es am Ende einsehen wird.«

LXXIII

Seit dem Tod von Tochter Maria war ein Monat vergangen. Die Untersuchungen der Polizei waren schnell und effizient gewesen. Es hatte schon früher des Öfteren Anschläge auf Camps der Töchter Marias im Ausland gegeben und nun war auch Tochter Maria einem Attentat zum Opfer gefallen. Der Täter, ein Mann, der offenbar indischer Herkunft war, dessen Identität sich jedoch nicht hatte feststellen lassen, war dabei selbst ums Leben gekommen. Die Sache wurde zu den Akten gelegt, ein Vize-Questore, der weitere Untersuchungen forderte, wurde von höchster Stelle dazu verdonnert, nicht länger unnötig Staub aufzuwirbeln. Die Stadt Siena war immer noch der Jungfrau Maria geweiht und Untersuchungen, die unter Umständen die Töchter Marias in ein schlechtes Licht rückten, konnte man hier absolut nicht brauchen.

Noch immer hatte Lydia Bevilaqua das Gefühl, dass die Fußstapfen ihrer Vorgängerin viel zu groß für sie waren.

Das größte Problem waren die Spenden. Hunderttausende hatten die Nachricht vom plötzlichen Tod dieser charismatischen Lichtgestalt kaum fassen können und waren tief erschüttert gewesen. Auf der ganzen Welt waren Trauerkundgebungen abgehalten worden. Eine ganze Woche lang hatten sich die Angestellten der Zentrale in Siena den Weg zum Eingang durch ein Meer von Blumen, Kränzen und Kerzen bahnen müssen und eine wahre Spendenflut aus aller Welt war über die Töchter Marias hereingebrochen. Doch das war offenbar nur ein Strohfeuer gewesen; die Menschen hatten eher aus einer sentimentalen Emotion heraus gespendet als aus echtem Interesse, die Arbeit der Töchter Marias zu unterstützen. Nach wenigen Tagen war das Spendenaufkommen auf den niedrigsten Stand seit etlichen Jahren gefallen. Viele Menschen hatten Marias Tod zum Anlass genommen, ihren monatlichen Dauerauftrag zu kündigen, und auch größere Einzelspenden kamen seitdem kaum noch herein. Lydia Bevilaqua war immer schon klar gewesen, dass ihre Vorgängerin eine begnadete Spendensammlerin gewesen war, sie schien geradezu dafür geboren zu sein. Sie hatte diese besondere, fast schon heilige Ausstrahlung gehabt, die weit über jede Rationalität hinausging, aber nun zu erkennen, welchen riesigen Anteil Marias Persönlichkeit am Hereinkommen der Gelder gehabt hatte, war doch ein Schock für sie. Ihr war bewusst, dass sie ihr in diesem Punkt niemals das Wasser reichen konnte.

Doch es gab auch gute Nachrichten: Überraschenderweise hatte der Vatikan für die Übergangsphase seine logistische Hilfe angeboten und Lydia hatte diese gerne angenommen: Besonders erfolgreich waren drei Mitarbeiter des Istituto per le Opere di Religione – dem Institut für religiöse Werke oder auch schlicht der Vatikanbank – die sich mittels der Daten auf Tochter Marias Laptop tief in die Buchführung der Organisation eingearbeitet hatten. Dabei waren sie auf Gelder gestoßen, von denen Lydia bislang nichts gewusst hatte. Über dreißig Millionen waren es bisher und täglich kam mehr dazu. Sie war erleichtert und nicht allzu überrascht gewesen. Tochter Maria war eine tiefreligiöse Frau gewesen, die nur gelebt hatte, um zu helfen, sie war zu weltfremd und vergeistigt gewesen, um den kompletten Überblick über die Finanzverwaltung einer internationalen Organisation zu behalten. Zweifellos hatte sie gar nicht gewusst, auf welchem Schatz sie da gesessen hatte.

Von Zeit zu Zeit dachte Lydia Bevilaqua an die junge Campleiterin aus Bolivien, Concepción Ibañez. Die arme Frau war bei ihrer Abreise völlig erschüttert gewesen. Sie hatte sich in vorbildlicher und tapferer Weise eingesetzt und nicht nur den Laptop von Tochter Maria, sondern auch viele Menschenleben gerettet. Seit Wochen hatte Lydia vorgehabt, ihr in einem persönlichen Schreiben zu danken, aber jedes Mal war irgendetwas dazwischengekommen. Heute würde sie es endlich tun.

Zwanzig Minuten lang hatte sie versucht, einen Brief zu formulieren, der ihren Gefühlen gerecht wurde, aber alles klang nur hohl und läppisch.

Dann hatte sie eine bessere Idee.

LXXIV

Am fünften August des Jahres 352 erschien Papst Liberius im Traum die Mutter Gottes. Von ihr erhielt er den Auftrag, an dem Ort eine Kirche zu erbauen, an dem es am nächsten Tag schneien würde. Am kommenden Morgen lag auf dem Esquilin Schnee und zeigte den Umriss der heutigen Papstbasilika Santa Maria Maggiore. So wollte es zumindest die Legende. Es war die einzige Kirche, in der seit ihrem Bestehen jeden einzelnen Tag die Heilige Messe gefeiert wurde, und sie gehörte zu den schönsten und am reichsten verzierten in ganz Rom. Sie war im gesamten Westen die erste Kirche, die der Jungfrau Maria geweiht wurde, und von den vierzig Marienkirchen in Rom war sie die bedeutendste und älteste. Sechs Päpste sowie der Baumeister Gian Lorenzo Bernini lagen hier begraben. Unter dem Altar befanden sich die Reliquien der Krippe Jesu und in der Cappella Paolina das wundertätige Bild der Heiligen Madonna. Es verstand sich von selbst, dass für die Trauerfeier zum Gedenken an Maria Concetta Crespo keine andere Kirche in Frage kam.

Es war fünf Wochen nach ihrem Tod und die Basilika war bis auf den letzten Platz gefüllt. Der schwere Geruch von Weihrauch und Myrrhe hing in der Luft. Etliche italienische und internationale TV-Teams berichteten live. Überall sah man bekannte Gesichter. Hohe Würdenträger von Kirche und Regierung. Zahlreiche Prominente und Politiker aus aller Welt. Auf dem Platz vor der Kirche hatte sich eine riesige Menschenmenge versammelt. Viele sangen christliche Lieder, etliche weinten. Soeben wurde eine junge Frau von einem amerikanischen Sender interviewt, die erklärte, durch Tochter Marias Vorbild selbst zum Glauben gefunden zu haben. Vereinzelt wurden – wie auch schon nach dem Tode von Papst Johannes Paul II – Schilder mit der Aufschrift »Santo subito!« hochgehalten. »Heiligsprechung sofort!«

Diego Vazquez, der Direktor des Pressebüros des Heiligen Stuhls, hatte auf entsprechende Anfragen seitens der Presse lediglich diplomatisch geantwortet, dass dem Vatikan Anträge zur Seligsprechung Tochter Marias vorlägen, die derzeit einer Prüfung unterzogen würden. Jeder wusste, dass, wenn ein solches Verfahren eingeleitet wurde, dies noch lange keine Garantie für seinen Erfolg war und dass die Durchführung des Prüfverfahrens, bei dem das gesamte Leben des Prüflings einer akribischen Untersuchung unterworfen wurde, in der Regel viele Jahre, oft sogar Jahrzehnte, dauerte. Der nächste Schritt, ein Heiligsprechungsverfahren, konnte erst Jahre später eingeleitet werden und würde sogar noch mehr Zeit in Anspruch nehmen. Den Santo-subito-Befürwortern war der Gedanke unerträglich, dass Tochter Maria so lange warten sollte.

Die Trauerrede des Priesters war ergreifend und wurde nicht nur auf einem riesigen Bildschirm vor der Santa Maria Maggiore, sondern ebenfalls live in zahlreiche Länder übertragen.

Auch Cavelli und Beatrice befanden sich unter den Gästen innerhalb der Basilika. Natürlich nicht als Trauernde. Einerseits begrüßte Cavelli die Gelegenheit, als Historiker bei diesem zweifellos geschichtlichen Ereignis anwesend sein und sich selbst aus erster Hand ein Bild machen zu können, andererseits hatte er sich überwinden müssen herzukommen. Die Erlebnisse, die Beatrice und er Maria Crespo zu verdanken hatten, verursachten ihm immer noch Albträume. Es erschreckte ihn jedes Mal aufs Neue, wenn er daran dachte, wie knapp es gewesen war. Mit seiner Anwesenheit hier bewies er sich selbst, dass er stark genug war, um diesen Erlebnissen keine Macht über sein Leben einzuräumen.

Zu seiner Überraschung war Beatrice sofort bereit gewesen, ihn zur Trauerfeier zu begleiten. Der Grund für ihr Hiersein war ein wenig anders gelagert und erinnerte Cavelli an die unendlich langen Reihen von Moskauern, die nach dem Tod von Diktatur Josef Stalin an seinem aufgebahrten Leichnam vorbeigezogen waren. Beas genaue Worte hatten gelautet: »Ich will einfach sicher sein, dass das Miststück tot ist.«

Epilog

Sechs Wochen waren vergangen, seit Concepción aus Rom nach Chuquisaca zurückgekehrt war. Der Rückflug war sogar noch strapaziöser gewesen als der Hinflug. Eine Odyssee von dreiundsiebzig Stunden mit vier verschiedenen Transportflugzeugen, da zu diesem Zeitpunkt keine direkten Flüge von Rom nach Sucre angestanden hatten. Eine Verschnaufpause war ihr dennoch nicht vergönnt gewesen. Kaum hatte sie das Camp betreten, war die tägliche Lawine von Problemen über sie hereingebrochen.

Sie arbeitete jeden Tag von Sonnenaufgang bis spät in die Nacht, fiel dann auf ihr Feldbett und schlief fünf oder sechs Stunden wie ein Stein. Was sich in Siena ereignet hatte, war unendlich weit entfernt, sie hatte keine Zeit gehabt, daran zu denken. Bis zu diesem Morgen. Endlich war wieder ein Transport aus Rom eingetroffen. Er war sehnsüchtigst erwartet worden, denn der Mangel an medizinischem Material war mittlerweile so dramatisch, dass man gebrauchte Injektionsnadeln und verschmutztes Verbandsmaterial abkochen und wiederverwenden musste.

Wie immer kam Concepción erst am Nachmittag dazu, in ihrem Zelt die an sie als Campleiterin gerichtete Post durchzusehen. Neben den üblichen Briefen war diesmal auch ein in braunes Packpapier gewickeltes Paket dabei. Das war ungewöhnlich. Es war flach, etwa dreißig mal dreißig Zentimeter im Quadrat und kam von der neuen internationalen Chefin der Töchter Maria, Lydia Bevilaqua. Concepción riss das Packpapier auf und fand eine Karte, auf der nur ein Wort stand:

»Danke!!«

Dann entfernte sie die Luftpolsterfolie, die um den Gegenstand gewickelt war. Der Anblick nahm ihr den Atem. Es handelte sich um das Mosaikbild der Muttergottes aus Tochter Marias Büro. Ein Gegenstand aus ihrem persönlichen Besitz, den sie sogar selbst angefertigt hatte. Concepción konnte sich kein schöneres Geschenk vorstellen. Noch heute Abend würde sie den Druck der Jungfrau Maria in dem billigen Plastikrahmen, der weltweit in allen Zelten und Büros der Töchter Marias hing, hiermit ersetzen. Verzückt betrachte sie das Bild und die vielen kleinen Mosaiksteinchen, aus denen es bestand. Es musste Wochen oder sogar Monate gedauert haben, es zu vollenden, und es war ein ganz und gar ungewöhnliches Bild. Die kleinen Steinchen waren von unregelmäßiger Form, mit einem durchsichtigen Lack überzogen und glitzerten auf geradezu übernatürliche Weise. Sie waren wunderschön. Beinahe wie Diamanten.

Dichtung und Wahrheit

Wie immer sind die Handlung und alle Personen (außer den historischen) frei erfunden. Etwaige Namensübereinstimmungen mit realen Personen sind rein zufällig.

Umberto Cavelli und die Cavelli-Dynastie haben nie existiert. Die Inhalte von Cavellis Vorlesungen sind jedoch, wie immer, inhaltlich korrekt.

Alles, was über Rom und den Vatikan (bis hin zu den Inquisitionszellen unter der Glaubenskongregation) gesagt wird, ist (mit Ausnahme des geschilderten Falls) wahr.

»Die Töchter Marias« sind eine fiktive Organisation und Maria Concetta Crespo ist eine fiktive Person. Keine existierende Organisation bzw. Person ist damit gemeint. Ähnlichkeiten mit real existierenden Organisationen und Personen wären rein zufällig.

Alle Angaben zu real existierenden Orten wie der Gemelli-Klinik (mit Ausnahme der Außenarchitektur), den

Städten Rom, Siena, Ephesos, Loreto und der Wallfahrtskirche Maria della Corona entsprechen der Realität, ebenso alle Informationen über die Schweizer Garde, Jungfrau Maria, Mutter Teresa und die historischen Lazarus-Ritter.

Die historischen Vorgänge um Emanuela Orlandi, Alois Estermann und Cedric Tournay, Kammerdiener Paolo Gabriele und das Sacco di Roma haben sich genauso wie geschildert zugetragen.

D. C.